Dieter Nadolski

Alte Handwerksbräuche

Verlag Die Wirtschaft
Berlin

Dieter Nadolski
Alte Handwerksbräuche

Ein kleines Brevier

Holzstiche
Egbert Herfurth

Lektor: Walter Nachtigall

ISBN 3-349-00591-8

Am Friedrichshain 22, Berlin, 1055
Lizenz-Nr. 122
LSV 0309
Buchgestaltung: Gert Wunderlich
Printed in the
German Democratic Republic
Gesamtherstellung:
Offizin Andersen Nexö, Leipzig
Bestell-Nr. 676 408 1
9,80

Inhalt

»Wer der czechen heimlichkeit offenbart der zal bußen dor nach der broch ist ...«

– so drohen bereits Anno 1377 die »gesetze vnd willkör der Hutter zu Crokaw«. Aber nicht nur die Hutmacher zu Krakau (Kraków) wollen ihre Heimlichkeiten hüten. Nahezu ausnahmslos gilt es in allen Zünften (Zechen, Gilden, Ämtern, Innungen) schon bald nach ihrer Gründung als Todsünde, »aus der Schenke zu schwatzen«, d.h. einen Handwerksbrauch zu verraten. War doch sicheres Beherrschen z.B. brauchtümlicher Redewendungen ein Ausweis dafür, ein bestimmtes Handwerk nach Recht und Ordnung gelernt zu haben. Gelernt nach Recht und Ordnung bedeutete, nicht schlechthin irgendwo spezielle handwerkliche Fähigkeiten erworben zu haben, sondern von der Lehrzeit an fest in das Reglement der jeweiligen Zunft eingebunden gewesen zu sein.

Schon als Lehrjunge mußte man sich alle für den späteren Gesellenstand notwendigen Zeremonien einprägen. Wehe, man schrieb sie auf! Hätte doch dann vielleicht ein Unbefugter sich sachkundig machen und auf der Gesellenherberge beispielsweise das »Geschenk«, einen Trunk, einen Imbiß oder auch ein Zehrgeld, ergaunern können. Für die heutige Brauchtumsforschung ist die teilweise noch bis zum Anfang des 20. Jahrhunderts anhaltende Geheimniskrämerei ein erhebliches Hemmnis. Hinzu kommt, daß in der Öffentlichkeit praktizierte Bräuche – meist im Rahmen von Festen und Umzügen – des Aufschreibens kaum für wert befunden wurden. Wer von der Obrigkeit sollte es schon für aufzeichnungswürdig halten, von der »Rechenschaft« oder dem »Schwertertanz« der Schmiede, dem »Freiheitstag« der Wagner, dem »Schiff- und Pflugziehen« der Tuchmacher, dem »Mottenfest«, »Wurmfest« oder »Fliegenfest« der Weber zu künden? Dann doch eher schon von Krönungen, Reitturnieren, Parforcejagden und ähnlicher Kurzweil, die alle Herrschenden gern betrieben.

So ist dieses Brevier auch deshalb nur ein kleines, ein unvollständiges Büchlein, weil es manches noch zu erkunden und zu deuten gibt. Zum anderen jedoch richtet es sich an Leser, die nicht spezialisierte Volkskundler sind, sondern sich allgemein für alte Bräuche interessieren. Das werden nicht zuletzt die fleißigen Handwerker unserer Tage sein, um so mehr, als manches von dem Vorgestellten bis in die heutige Zeit lebendig geblieben ist oder wieder zum Leben erweckt wurde. Übrigens bietet das ausführliche Literaturverzeichnis (S. 101) dem Leser die Möglichkeit, sich bei Bedarf umfassender mit der Thematik zu beschäftigen. So sind spezifische, für einen einzigen Handwerkszweig zutreffende Dinge und Begriffe nur dann berücksichtigt, wenn sie für das Brauchtum symptomatisch sind oder eine gewisse Kuriosität offenbaren, die dem Leser nicht vorenthalten werden sollte. Auch konnten, abgesehen von wenigen Ausnahmen, in dem gegebenen Rahmen Bräuche keine Berücksichtigung finden, deren Quelle ausschließlich im Aberglauben liegt: zum Beispiel, wenn der wandernde Handwerksbursche Knoblauch einsteckte, um gut zu Fuß zu sein, oder wenn die Dachdecker zeremoniell das Eichhörnchenfleisch verzehrten und damit auf Schwindelfreiheit hofften.

Die Ausführungen am Beginn der einzelnen Abschnitte sollen dem Leser helfen, den Gesamtzusammenhang zu erfassen. Damit war es möglich, die einzelnen Stichworte zwar nach sachlichen Überlegungen zu ordnen, aber auf eine strenge Systematik zu verzichten. Die im laufenden Text drucktechnisch hervorgehobenen

Begriffe verweisen darauf, daß der diesbezügliche Sachverhalt noch an anderer Stelle erläutert wird; der betreffende Begriff läßt sich am schnellsten mit Hilfe des Registers finden.

Mit dem Text und den Illustrationen sind wir dem Thema recht locker nachgegangen, und da schließlich die meisten Handwerksbräuche irgendwie mit Speisen und nicht allzu zaghaftem Trinken, also mit angenehmen Dingen, zu tun haben, mag das auch angemessen sein. Aber spätestens an dieser Stelle sei daran erinnert, daß der Alltag der Handwerker wie aller körperlich arbeitenden Menschen über die Jahrhunderte hinweg mehr als erbarmungswürdig war, viele Sorgen und nur wenige Freuden für sie bereithielt. Ist es da verwunderlich, wenn sie die wenigen Gelegenheiten für freudvolle Geselligkeit und herzhaften Umgang miteinander voll auszukosten suchten?
Möge das Buch dazu beitragen, gute Traditionen im Handwerk wieder zu entdecken und für die Zukunft zu bewahren.

Lehrlinge
und Gesellenmachen

Wie man Lehrjunge und Geselle, natürlich auch Meister, werden konnte, gehörte bald zum reglementierenden Gehalt jener Statuten, die sich die Zünfte gaben und von der Obrigkeit bestätigen ließen. Die jungen Burschen, oft genug noch Kinder, kaum 14 Jahre alt, wurden vor Lehrbeginn den versammelten Meistern vorgestellt. Dabei erledigte man auch gleich die Formalitäten. Dazu gehörte unter anderem die Eintragung in das Innungsbuch, aus der auch der Lehrherr und die voraussichtliche Dauer der Lehre ersichtlich war. Handelte es sich um den Sohn des Meisters, dann verkürzte sich die sonst übliche Lehrzeit meist erheblich. Dieses Privileg, den Gesellenstand früher als andere erreichen zu können, bedeutete allerdings keine geringere Ausbildung. Solche Meistersöhne hatten lediglich weniger im Haushalt der Meisterin zu helfen, bei anderen Jungen zuweilen die einzige Arbeitsaufgabe des ganzen ersten Lehrjahres! Ob die Meistersöhne auch weniger Prügel bezogen, ist fraglich, denn Schläge gehörten damals zur Ausbildung des Lehrlings wie das Salz zur Suppe. Mancher Lehrjunge entzog sich dieser Inquisition ganz einfach durch die Flucht. Er erhielt dann im Innungsbuch den Vermerk »Ist entlaufen«.

In Anbetracht ihrer gesellschaftlichen Bedeutungslosigkeit überrascht es niemanden, daß von den Lehrlingen selbst nur wenig Bräuche zu verzeichnen sind. Nach dem Abschluß der Lehre aber, wenn die jungen Männer vor den Meistern zu Gesellen erklärt waren, ging es an einen in keinem Statut fixierten Vorgang, das Gesellenmachen. *Dieser brachte im Laufe der Zeit soviele Varianten hervor, daß es kaum gelänge, sie hier alle im einzelnen aufzuführen. Im Umfeld der Lehrlingsaufnahme und des Gesellenmachens allerdings gibt es eine ganze Anzahl bemerkenswerter Bezeichnungen und Bräuche.*

Aufdingen die Aufnahme eines oder mehrerer Jungen in die Lehre vor der versammelten Zunft. Zu diesem Zweck war die *Lade* aufgeschlagen, das »Aufdingbuch« (Innungsbuch) lag auf dem Tisch, und es mangelte nicht an guten Ratschlägen, Ermahnungen und Warnungen. Manchmal war auch *Biergeld* fällig.

Biergeld eine zuweilen beim *Aufdingen* verlangte Gebühr. Der Betrag hielt sich in Grenzen, so daß entweder das Biergeld für mehrere Lehrlinge gesammelt oder aus der Innungskasse etwas dazugelegt werden mußte, um alle Meister mit Freibier versorgen zu können.

Echtheitsbrief geben eine Erklärung, die zwei Zeugen – zumeist in zeremoniellen Wendungen – beim *Aufdingen* vor aufgeschlagener *Lade* und feierlich brennendem Kerzenlicht gegenüber den Zunftmeistern abzugeben hatten: Sie bürgten mit Brief und Siegel dafür, daß der zum Aufdingen anstehende Lehrjunge »echt« sei. Das bedeutete, er sei ehelich geboren und seine Eltern übten kein *unehrliches* Gewerbe aus.

Unehrlich sein ein sogenanntes unehrliches Gewerbe ausüben. Wer nicht spätestens beim *Aufdingen* seine eheliche und ehrliche Geburt mittels eines *Echtheitsbriefes* nachweisen konnte, hatte kaum eine Chance, einen ehrlichen Beruf zu erlernen. Als unehrlich, das heißt nicht ehrenswert, galten beispielsweise Angehörige folgender Berufe: Spielleute, Weber, Schäfer, Scharfrichter, Abdecker, Büttel,

Bach- und Gassenkehrer, Feldhüter, Totengräber und Nachtwächter. Darüber hinaus galt es als unehrlich, etwa mit einem Scharfrichter oder Abdekker an einem Tisch zu sitzen.

Obwohl schon 1731 durch einen »Reichsabschied« alle Berufe (ausgenommen der des Abdeckers) als ehrlich erklärt wurden, gehörte es noch lange zum Ritual des Aufdingens, die Unehrlichkeit auszuschließen.

Prellen ein derber Spaß, den Metzgerjungen in den meisten süddeutschen Städten am Aschermittwoch über sich ergehen lassen mußten. Das Prellen *(Schnellen)* erfolgte mittels einer Kuhhaut, auf die man den Lehrjungen legte. Dann schwenkten die Gesellen die Kuhhaut derart, daß der junge Mann hoch durch die Luft schleuderte. Nicht selten zogen sich die »Delinquenten« dabei allerlei Verrenkungen, Prellungen und Verstauchungen zu.

Lossprechen der offizielle Abschluß der Lehrlingszeit, auch als *Freisprechen* oder *Ledigschelten* bezeichnet. Es geschah vor offener *Lade* und wurde in den Akten festgehalten. Üblicherweise war das Lossprechen mit einer kleinen Mahlzeit verbunden, dem sogenannten Lehrbraten, auch als Verschenken des Gesellenbratens bezeichnet. Es gab aber auch Festlegungen anderer Art. So auferlegten Lübecker Tischler dem jungen Gesellen die Verpflichtung, in Verbindung mit dem Lossprechen ein silbernes Schild für den *Willkomm* zu stiften. Dieser Pokal hatte während des Lossprechens gewichtige Bedeutung – der frischgebackene Geselle durfte ihm, nachdem er »Gunst und Erlaubnis« des Meisters eingeholt, »das Haupt entblößen« (den Deckel abnehmen) und erstmalig daraus trinken, den *Abdanktrunk nehmen*.

Ledigschelten eine letzte Maulschelle für den angehenden Gesellen als Symbol dafür, daß dieser nunmehr aus der Obhut des Meisters entlassen ist. Am Ledigschelten nahmen gewöhnlich alle Angehörigen der Werkstatt teil. Mancher Meister machte sich erst dann auf den Weg, einen ausgelernten Lehrjungen zum *Lossprechen* vor der Zunft anzumelden, wenn er diesen ausdrücklich ledig gescholten hatte.

Abdanktrunk nehmen Überreichen des *Willkomms* an den losgesprochenen Lehrling mit dem ausdrücklichen Vorzug, an dem betreffenden Tag daraus als erster trinken zu dürfen. Da der Abdanktrunk aus dem recht gewichtigen Trinkgefäß »auf drei schmale Schluck« zu nehmen war, nur durch ein paar kurze Sprüche unterbrochen, bedeutete der Vorgang für die meisten frischgebackenen Gesellen eine gehörige Anstrengung, der mancher nicht gewachsen war.

Ausweisgeselle ein Titel der Steinmetzgesellen. Es durften ihn nur jene in Anspruch nehmen, deren Amt es war, einen ausgelernten Lehrling in die Zunftbräuche einzuweihen. In der Regel mußte das innerhalb von zwei Wochen geschehen, wobei der junge Mann sich den Verlauf der verschiedenen Zeremonien und die entsprechenden Redewendungen exakt einzuprägen hatte. Wehe, wenn er sich Aufzeichnungen machte! Waren doch die Heimlichkeiten des Handwerks zu wahren und um Himmels Willen nicht auf Zettel zu schreiben, die in unbefugte Hände geraten konnten.

Nachdem er alles fest im Kopf hatte, konnte sich der Junggeselle anschicken, Geselle zu werden und die *Brüderschaft* zu erwerben.

Schleifen die »Erziehung« des Ausgelernten zu einem »rechten« Gesellen. Obwohl die Lehrzeit gemäß den Statuten mit dem *Lossprechen* endete, galt der Losgesprochene im allgemeinen Verständnis noch nicht als vollwertiger Geselle. Dazu wurde er erst durch das Schleifen. Die Dutzende Varianten dieses *Gesellenmachens* (beispielsweise *Behauen, Deponieren* und *Postulieren, Einweihen, Feuer anblasen, Hobeln, Hänseln, Metzgersprung, Prellen, Ritterschlag, Taufen*) hatten mindestens zwei Gemeinsamkeiten – der junge Mann mußte sich unangenehmen Torturen unterziehen, und sein Selbstbewußtsein wurde durch pingelige Ermahnungen und kaum beantwortbare Fragen arg strapaziert.

Für das Schleifen galten in den verschiedenen Gewerken auch recht unterschiedliche Bestimmungen. Während sich beispielsweise die angehenden

Druckergesellen nach Zahlung eines *Cornutengeldes* bei jeder Zunft dem Schleifen stellen konnten, war das bei den losgesprochenen Buchbinderlehrlingen – den *Pachanten* – strenger geregelt. Deren Schleifen (hier als Barbieren, Examinieren und Taufen durchgeführt) durfte im mitteleuropäischen Raum nur an folgenden Orten geschehen: Altenburg, Breslau, Frankfurt/Oder, Hamburg, Helmstedt, Leipzig, Lübeck, Magdeburg, Münster, Nürnberg, Posen, Prag, Rostock, Schweidnitz, Wien und Wittenberg. Übrigens schliff man gelegentlich sogar schon vor Aufnahme der Lehre, so bei den Schuhmachern, die den Jungen einige Male ohrfeigten, mit Bier übergossen oder ihm den Stuhl wegzogen.

Hänseln ursprüngliche Bezeichnung für die Examensfragen, die man in Verbindung mit dem *Schleifen* stellte und die so beschaffen waren, daß der junge Geselle darauf zumeist keine befriedigende Antwort geben konnte. Später glich sich Hänseln in der Bedeutung dem Schleifen an.

Behauen bei den Zimmerleuten gebräuchlicher Ausdruck für das *Schleifen* eines ausgelernten Lehrjungen.

Deponieren in Ergänzung um das *Postulieren* die Bezeichnung für das *Schleifen* der Buchdrucker. Die Deposition, die »Absetzung« des Lehrlings, bedeutete ursprünglich die zeremonielle Lossagung von allen Torheiten des unreifen Alters, bevor dann immer mehr das *Hänseln* und Verulken des *Cornuten* in den Mittelpunkt rückte.

Cornutengeld zahlen Entrichten eines Geldbetrages durch den losgesprochenen, aber noch nicht geschliffenen Burschen bei den Buchdruckern. Strenger als anderswo war in diesem Handwerk geregelt, daß der Junggeselle, den man hier *Cornut* nannte, vor dem auch als *Deponieren* und *Postulieren* (und seit dem 19. Jahrhundert als *Gautschen*) bezeichneten *Schleifen* einen bestimmten Geldbetrag

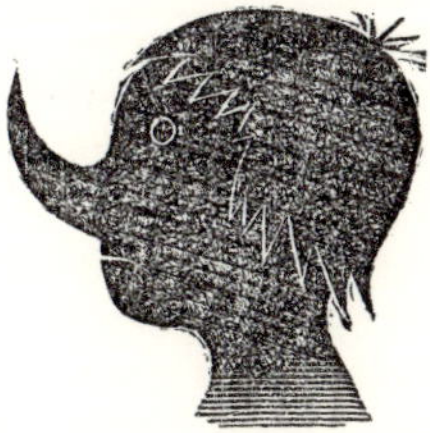

an die Gesellen zu zahlen hatte – nur dann wurde er in der Werkstatt geduldet. Verschiedene andere Gewerke praktizierten diesen Brauch mancherorts ebenso (s. auch *Pachanten schleifen* und *Jüngerpflicht erfüllen*).

Postulieren innerhalb des Gesellenmachens der Buchdrucker dem *Deponieren* unmittelbar folgender Vorgang, das heißt, dem symbolischen Abschluß der Lehrzeit folgte die sofortige Aufnahme in den Gesellenstand. Dreh- und Angelpunkt des Postulierens waren körperliche Torturen, die mit der Forderung und Entrichtung eines Postulatsgeldes formal ihr Ende fanden. Die blauen Flecken allerdings verblieben noch lange Zeit und hielten die Erinnerung wach.

Gautschen auf das *Deponieren* und *Postulieren* gegen Ende des 18. Jahrhunderts folgender neuer Schabernack zum *Gesellenmachen* der Buchdrucker. Beim Gautschen spielt Wasser eine bedeutende Rolle. Der bisherige Lehrjunge wird auf einen nassen Schwamm gesetzt und muß sich dabei allerlei Sprüche gefallen lassen, bis man ihn schließlich als Höhepunkt des Vorgangs in ein wassergefülltes Behältnis – ein Faß, einen Trog – taucht.

Pachanten schleifen strengere Regelung des *Schleifens* für ausgelernte Buchbinderlehrlinge.

Einweihen die bei den Beutlern geübte Art des *Schleifens*, bei der es den angehenden Gesellen freigestellt blieb, ob die Prozedur mit Bier, Wein oder Wasser einhergehen sollte. Wählte der Kandidat aus Geiz oder erzwungener Sparsamkeit Wasser, so begoß man ihn damit über alle Maßen und traktierte ihn besonders heftig.

Feuer anblasen das *Schleifen* der Schmiedegesellen mit den unentbehrlichen Gerätschaften Handtuch und Wasserbecken. Während man den zu machenden Gesellen ständig examinierenden Fragen aussetzte, erhielt er immer wieder das pitschnasse, in eiskaltem Wasser getränkte Handtuch »umgetan«.

Hobeln der bei den Tischlern, Zimmerleuten, Glasern, Seilern und Spenglern übliche Ausdruck für das *Schleifen*. Für den erstgenannten Handwerkszweig ist der Begriff insofern hervorhebenswert, als hier ähnlich wie bei den Buchdruckern und Buchbindern zwar auch eine besondere Bezeichnung für nichtgehobelte Gesellen üblich war, aber kein *Cornutengeld* verlangt wurde. Vor dem Hobeln nannte man die jungen Tischler *Kuhschwanz* oder *Kuhschüssel*.

Gesellenbrot reichen Brauch, der das *Hobeln* der Seilergesellen abschloß. Die »Knechte« banden dem jungen Gesellen einen aus Hanf gewundenen Zopf in die Haare und hängten ihm einen Korb auf den Rücken. Dann schickten sie den Burschen mit einer Laterne in der Hand »das Gesellenbrot suchen«. Inzwischen befragte der Altgeselle die Runde, ob jemand etwas gegen den Kandidaten vorzubringen habe. War das nicht der Fall, so holte man das versteckte Brot hervor, rief den Suchenden zurück und reichte es ihm mit Salz zum Verzehr. Diese Zeremonie galt als äußeres Zeichen der vollzogenen Aufnahme in die *Brüderschaft*.

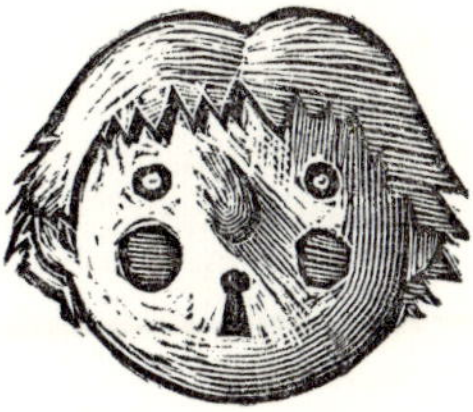

Schlüsselbeißen Bezeichnung für das *Schleifen* unter den Schlossern (auch *Bartbeißen*). Man zwängte dem ausgelernten Jungen einen Schlüssel nicht zu geringen Ausmaßes in den Mund und drehte ihn dann dreimal herum. Die sinnbildliche Bedeutung liegt auf der Hand: Der Schlüssel sollte die Zunge des Junggesellen lösen, damit er von nun an in der Gesellenrunde mitreden konnte.

Das Schlüsselbeißen bildete unter den Schlossern zwar das dominierende Element während des Schleifens, aber man verzichtete auch nicht darauf, dem ausgelernten Lehrjungen einen ehrenvollen *Ritterschlag* zu verabreichen, und sei es mit einer langen Feile.

Ritterschlag ehrenvoller Abschluß in der Zeremonie des *Schlüsselbeißens*.

Taufen besonders bei den Schiffern und Tuchmachern, zum Teil auch bei den Buchbindern übliche Bezeichnung für das *Schleifen*. Sie verrät bereits, daß hierbei Flüssigkeiten eine wesentliche Rolle spielten. Die Gesellen schütteten dem Täufling eiskaltes Wasser über den Kopf, und zum versöhnlichen Abschluß dann auch ein wenig Wein. – Unter den Linzer Schiffern betitelte man übrigens den noch nicht getauften Gesellen als *Stinker*.

Jüngerpflicht erfüllen einen durch Alkoholeinwirkung von den Beinen geratenen Jünger wieder aufrichten. Als Jünger bezeichnete man häufig einen Lehrjungen, der zwar ausgelernt hatte, aber an dem das *Gesellenmachen* noch nicht vollzogen war. Bei der *Einschänke* eines fremden Seilergesellen hatte dieser schon beim Empfang des gefüllten Begrüßungspokals unter anderem darum zu bitten, falls der Trunk sich gegenüber seinen eigenen Kräften als stärker erweisen und ihn zu Boden werfen sollte, ihm wieder aufzuhelfen – »doch nicht beim Haare, sondern mit einer Kanne schwarzbraunem Bier«, wie zu formulieren war.

Scherkind ein ausgelernter Tuchschererlehrling, an dem das Gesellenmachen vollzogen war und der damit von seinem ordentlichen Gesellenstand künden durfte. Gab sich ein Fremder als Tuchscherergeselle aus, dann wußten die erfahrenen Zunftgenossen, daß der Bursche zwar *losgesprochen*, aber noch nicht geschliffen worden war. Ein ungeschriebener Brauch bestimmte, daß in diesem Handwerk nur reisende Tuchschererschleifermeister Gesellen machen durften.

Ziegenschurtz ein Böttchergeselle, dem das *Schleifen* noch bevorstand. Während des Schleifens war übrigens der Ziegenschurtz immerfort zu ermahnen: »Du sollst mit keiner Kanne klappern«, wohl als Hinweis darauf zu verstehen, stets für eine volle und deshalb nicht klappernde Kanne für die Gesellenrunde zu sorgen.

Namen verschenken ein auch als Namenkaufen bezeichneter, bis zurück in das 14. Jahrhundert nachweisbarer, am häufigsten unter den Schneidern und Tischlern praktizierter Brauch, dem jungen Mann mit dem Eintritt in den Gesellenstand einen speziellen, gewissermaßen seine Philosophie ausdrückenden Namen zu verleihen; beispielsweise »Ehrlich bist«, »Frisch und frei«, »Trau auf Gott« und ähnliche.

Der frischgebackene Geselle mußte bei dieser Zeremonie einen von mehreren auf die Tischplatte gezeichneten Kreidestrichen mit der bloßen Hand völlig wegwischen. Auf der Unterseite der Platte waren den Strichen jeweils Namen zugeordnet. Das Unangenehme an der Sache verkörperten freilich die um den Tisch herumsitzenden Zunftgenossen, die, mit Holzlöffeln ausgerüstet, danach trachteten, dem Burschen tüchtig auf die Finger zu klopfen. Jedes Zurückziehen der Hand kostete ihn übrigens eine Runde. Zum Abschluß des Namenverschenkens war der *Willkomm* zu leeren.

Auf Wanderschaft und auf Arbeit

In aller Regel ging der junge Mann nach dem Gesellenmachen aus der Werkstatt seines Lehrmeisters hinaus in die Welt. In nostalgischer Verklärung wird die allgemeine Wanderpflicht – ohne wenigstens ein Jahr in der Fremde, häufig wurden sogar zwei und mehr Wanderjahre erwartet, konnte man kaum Meister werden – häufig als fröhlicher Spaziergang durch das Land und über Ländergrenzen hinweg dargestellt. Natürlich sammelte der Geselle dabei auch viele lehrreiche Erfahrungen, durchquerte verträumte Täler und bekam manch Imposantes zu sehen. Doch das alles war ja nur das später allzu gern hervorgekramte Beiwerk. In der Hauptsache hatte sich der Wandergeselle zu sorgen, daß er auf nicht gar zu sehr verlauste Herbergen und auf Handwerksmeister traf, die ihm Arbeit gaben und sich nicht allzu rabiat gebärdeten.

Abgesehen von der Art und Weise, wie Wanderburschen einander begrüßten, spielte sich außerhalb der Stadtgrenzen nichts Brauchtümliches ab. Aber am Stadttor und beim Gang durch die Straßen änderte sich das schlagartig. Darüber und über die noch viel reichhaltigeren Zeremonien beim Eintreffen in der Herberge gibt es Nennenswertes zu berichten. Einige Beispiele müssen dafür genügen. Auch das Ver-

halten in der Herberge selbst kann nur exemplarisch beschrieben werden. In ihrer Vielfalt geradezu verwirrend sind die Bräuche einzelner Gewerke für die Aufnahme des Fremden in die Gesellenrunde nach erfolgreicher Vorsprache bei ortsansässigen Meistern.

Bei allen nachfolgend beschriebenen Bräuchen, Späßen und kurzweiligen Spielen bleibt natürlich zu bedenken, daß Ulk und Schabernack in der Arbeitswelt der Handwerker stets etwas sehr Peripheres waren und selbstverständlich nicht ihren Arbeitstag prägten. Der dauerte lange und ging bei manchem Gesellen über seine physische Leistungsgrenze hinaus: Zwölf Stunden und mehr in Arbeitsräumen, die häufig mehr einer Höhle als einer Werkstube glichen, erklären manchen Ausbruch aus der erbärmlichen Fron des Alltags.

Wanderschaft in früheren Jahrhunderten übliches Wandern von jüngeren, unverheirateten Handwerksgesellen durch mehr oder weniger große Gebiete mit dem Ziel, Arbeit und Brot zu finden und dabei Berufs- und Lebenserfahrung zu sammeln; eine meist unverzichtbare Voraussetzung für den Erwerb des Meistertitels. In der Satzung der Hamburger Gerber von 1375 findet sich die erste Vorschrift über das Gesellenwandern, das zumindest für Angehörige geschenkter Handwerke (s. *Geschenk erhalten*) ausgangs des 15. Jahrhunderts zur allgemeinen Pflicht geworden war. Allerdings konnte man sich zuweilen auch von der Wanderschaft freikaufen. Hauptzweck des Gesellenwanderns war die berufliche Vervollkommnung. Die folgenden, einst recht populären Verse drücken das recht deutlich aus:

»Wer im Lenzen seiner Jahre,
will was lernen und erfahren,
der muß in die Fremde ziehn,
der muß Wein und Jungfraun fliehn,
sonsten wird er nimmermehr
mit sich bringen Kunst und Ehr.«

Gruß eine je nach Handwerksart spezifische Folge von Formulierungen, mit der man sich auf der Herberge oder auch schon am Stadttor (um sich das *Zeichen holen* zu lassen) als Angehöriger einer bestimmten Profession auswies. Beim *Lossprechen* hatte der Geselle bereits hoch und heilig zu geloben, bei der Seligkeit seiner Seele das Geheimnis des Grußes nicht zu offenbaren. Weil es dabei nicht nur um den Gruß im Sinne des einfachen Begrüßens ging, sondern die Beherrschung der gesamten Handwerkersprache demonstriert werden mußte, hatten manche nicht ganz so helle Burschen ihre liebe Not, alles ordentlich vorzubringen. Rücksichtsvoll erließ deshalb zum Beispiel die Stadt Zürich ein Verbot, Gesellen zurückzuweisen, die bei der Arbeitsuche »den gruß nit recht ableggen« können.

Handschenk machen eine besondere Art der Begrüßung unter den Steinmetzen. Ohne Worte zu verlieren, signalisierten sie einander damit die Zugehörigkeit zu ihrem Beruf. Beim Handreichen drückte jeder der beiden Steinmetzen rasch zweimal hintereinander den ersten Knöchel des fremden Zeigefingers. Man hatte mit dem Daumen zu drükken, und zwar beim ersten Mal auf »einfache Weise«, nach kurzer Pause dann nochmals, nun allerdings ein wenig mehr und länger.

Gegenüber dem Meister allerdings, bei der Arbeitsaufnahme, hatten die Steinmetzen nicht Handschenk zu machen, sondern auf sprachliche Nuancen zu achten. Der Geselle grüßte von seinem vorhergehenden Meister, und je nach des Meisters

Heimatland gebrauchte er dabei die Wörtchen »von«, »in« oder »zu«. Kam er aus Deutschland, so entbot er zum Beispiel den Gruß des Meisters X *von* Leipzig, aus Österreich aber den Gruß des Meisters X *in* Wien, und aus der Schweiz den Gruß des Meisters X *zu* Bern.

Zeichen holen Abholen eines Zeichens, mit dessen Hilfe der ankommende Wandergeselle sein Bündel durch das Stadttor bringen konnte. Er holte dieses Zeichen in der Herberge »beim Herrn Vater« (dem Herbergswirt), wobei der Geselle unter anderem folgenden Spruch vorzutragen hatte:
»Guten Tag, Glück herein, Gott ehre das Handwerk, Meister und Gesellen. Herr Vater, ich bitt, Ihr wollet mir doch ein Gesellenzeichen geben, daß ich mein Bündel kann zum Tor hineinbringen.«

Zuweilen war es erforderlich, daß sich der Geselle selbst auf *Umschau* nach Arbeit zu begeben hatte, und auch dafür rüstete er sich mit dem Zeichen aus.

Tischzeichen ein Schild mit eingravierter Benennung des Gewerks, plastisch dargestelltem Handwerkszeug oder auch mit einer Szene aus der Arbeit des jeweiligen Handwerks. Es hing entweder über dem Eingang zur Herberge oder über einem Herbergstisch und kennzeichnete so den Anlaufpunkt des Wandergesellen. Um das Tischzeichen (Stubenzeichen) jederzeit erneuern zu können, wurde in manchen Zünften Schildergeld erhoben; selbst Strafen konnten diesem Zweck dienen (s. *Strafen an das Handwerksschild, Ladestock*).

Aufwandern besondere Art und Weise, wie ein Handwerksgeselle am Stadttor anzutreffen bzw. die Stadt zu betreten hatte. Kaum ein anderer Berufsstand als der der Maurer hatte soviel zu beachten, wenn ein Vertreter seiner Zunft am Stadttor anlangte und von dort zur Herberge wollte. Der Riemen des Felleisens mußte über der linken Schulter liegen, der Stock war mit der rechten Hand zu führen. Der Gang durch die Straßen der Stadt war ein Mittelding zwischen legerem Wandern und präzisem Paradieren, eben ein Aufwandern: Der Geselle hatte auf der Straßenmitte und unter keinen Umständen auf dem Bürgersteig zu gehen, der Rock mußte mit drei Knöpfen verschlossen sein, Handschuhe durfte er nicht tragen.

Briefer Bezeichnung eines Wanderburschen nach der Art und Weise sich auszuweisen. Traditionell wiesen sich die Handwerker mit dem *Gruß* aus. Als nach und nach in einzelnen Ländern der Paß (der »Brief«) üblich wurde, begannen die brauchtümlichen Reden auf der Herberge mit der Frage, ob der Zugewanderte ein Briefer oder ein *Grüßer* sei.

Kommod machen eine Ankunftsregel für die Zimmermannsgesellen. Wer als ein rechter Zimmermann gelten wollte, mußte wissen, daß es unter allen Umständen unziemlich ist, es sich beim Eintreffen auf der Herberge sogleich bequem (»kommod«) zu machen. Vielmehr war auf den ortsansässigen Kommodgesellen (»Verbotgesellen«) zu warten, der allein zum Kommod machen aufforderte. Nun erst durfte der Fremde sein Bündel ablegen, den Rock öffnen, den Hut vom Kopf nehmen und sich eine Pfeife anzünden. Ein bereits erfahrener Zimmermannsgeselle zog es deshalb vor, erst gegen Feierabend auf der Herberge einzutreffen.

Glück in das Feld Ausspruch für den Wandergesellen, mit dem ihm mitgeteilt wurde, daß für ihn am Ort keine Aussicht auf Arbeit besteht. War ein wandernder Handwerksgeselle in der Herberge angekommen, so verständigte man üblicherweise den Altgesellen, der sich dann nach einer Beschäftigung für den Fremden umschaute. Hatte er Erfolg, so drückte er das mit der formelhaften Wendung »Glück in der Werkstatt« aus, bei Mißerfolg mit »Glück in das Feld« als Signal zum Weiterwandern.

Umschau halten frühere Bezeichnung für Arbeitsuche. Noch weit in das vergangene Jahrhundert hinein sagte kein Handwerksgeselle, er suche Arbeit, sondern er »hielt Umschau«. Entweder besorgte das Umschauen der *Örtengeselle*, oder der Arbeitsuchende machte sich innerhalb der Stadt selbst auf den Weg, wobei er sich dann dafür oft mit dem *Zeichen* rüstete.

Herberge vorbeischicken vorgeschriebene Formulierung für den Fall, daß man einem Gesellen die Umschau nach Arbeit verweigerte. Das kam zuweilen vor, vor allem bei Gesellen, denen *Bündel und Gruß* versagt worden waren. Die Weigerung hatte der Altgeselle auszusprechen, also zu sagen, das ehrbare Handwerk müsse dem Gesellen die Herberge vorbeischicken. Im positiven Fall wurde dem fremden Gesellen mitgeteilt, nunmehr könne man ihm »die Herberge umtragen«.

Abstrafen umgangssprachliche Bezeichnung für die Vergabe des *Geschenks*. Gelegentlich kamen sich Meister und Gesellen schon gestraft vor, wenn fortwährend Wanderburschen bei ihnen auftauchten. Um die Kasse vor allzu harten Strapazen zu bewahren, trafen die einzelnen Gewerke bald Regelungen, wonach sich ein Fremder beispielsweise innerhalb von 100 Tagen nur einmal in derselben Werkstatt nach Arbeit umsehen durfte.

Geschenk erhalten anfangs nur das Verabreichen eines Ehrentrunks an einen fremden Gesellen in der Zunftstube, später dann eine Art Reiseunterstützung für die Wanderschaft, wobei es üblich wurde, je nach Profession zwischen geschenkten und ungeschenkten Handwerken zu unterscheiden. Während bei den erstgenannten eine Art Rechtsanspruch auf das Geschenk bestand, mußte die jeweilige Zunft eines ungeschenkten Handwerks den Gesellen nicht unbedingt die Unterstützung gewähren; dennoch kam es auch hier nicht selten zum Geschenk (s. auch *Abstrafen*).

Geleitsbatzen geben eine spezielle Bezeichnung für das *Geschenk erhalten* bei Zinngießergesellen; Verabreichen eines kleinen Zehrgeldes auf den Weg, das die Gesellen nach erfolgter Ausschänke aber nur dann erhielten, wenn ihre *Umschau* nach Arbeit erfolglos geblieben war.

Patenpfennig Beitrag für Zehrgeldsammlungen. Das Zehrgeld für die Wanderung wurde überwiegend im Rahmen der *Auflage* erhoben. Von den Kupferschmieden ist bekannt, daß hier die Sache anders vor sich ging. Langte ein Fremder in der Herberge an, dann wurde einer in der Gesellenrunde gebeten, »daß er möge den Fremden nebst den Groschen unter dem Teller in Obacht nehmen«. Während »in Obacht nehmen« hieß, sich mit dem Neuankömmling zu beschäftigen, dürften die »Groschen unter dem Teller« auf eine spezielle Sammlung hindeuten.

Rummel(s)mann ein wandernder Geselle des Kupferschmiedehandwerks.

Einschänke geben einem ankommenden Gesellen in der Herberge einen Trunk zur Begrüßung reichen und ihn in die *Brüderschaft* aufnehmen. Ein fortwandernder Geselle erhielt die *Ausschänke*.

Spitzfragen stellen eine Anzahl bestimmter Fragen, die der *Örtengeselle* an einen ankommenden Gerbergesellen richtete. Wenn er alle Spitzfragen richtig beantworten konnte, stand seiner Aufnahme in die Gesellenbrüderschaft nichts entgegen.

Bruderbett gewähren Gewährung des Nachtlagers für alle Gesellen in der Herberge. Stellvertretend für alle Anwesenden hatte der Zuletzterschienene rechtzeitig um »Gewährung des Bruderbettes« zu bitten. Im allgemeinen mußte das winters bis 20 Uhr, sommers bis 21 Uhr geschehen. Je nach Handwerk war der Wunsch auf bestimmte Art und Weise vorzutragen.

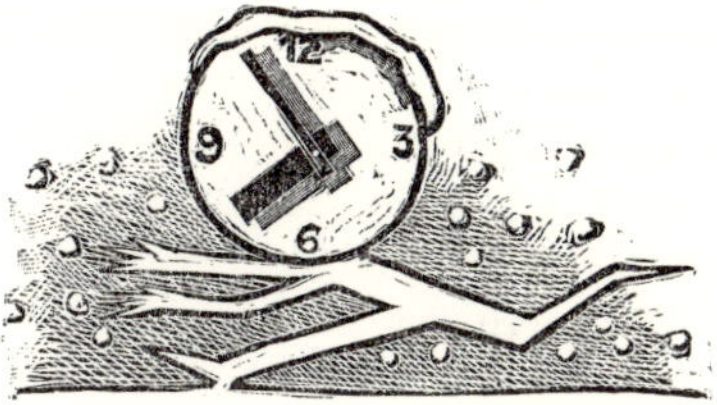

Anschlag zeremonielle Handlung eines aufgewanderten Maurergesellen (s. *Aufwandern*), die er mit Kelle und Hammer vor der eigentlichen Arbeitsaufnahme zu verrichten hatte.

Binden verbreiteter, den Umständen entsprechend praktizierter Brauch beim überraschenden Eintreffen eines Fremden in der Werkstatt oder auf der Baustelle. Die Wollweber beispielsweise umwickelten dem Ankommenden die Beine mit Wolle, die Zimmerleute nahmen dafür ihre Bauschnüre, die Maurer legten symbolisch ihre Kellen um den Besucher oder wischten ihm die Schuhe ab. Um das Gewicht des Bindens zu erhöhen, wurde nicht selten noch ein Spruch vorgetragen, der nun vollends klarmachte, daß nur ein Freikauf die Fesseln wieder lösen könne. Wer kein Trinkgeld geben wollte oder konnte, hatte allerlei Torturen zu befürchten.

Zweispitzgruß formelhafte Bitte der Steinmetzen um Entleihe eines Werkzeugs von einem Zunftgenossen:
»Mit Gunst und Erlaubnis, Zweispitz, ich komme zu Dir und hebe Dich auf und nehme Dich mit mir. Wenn ich Meinen aus der Schmiede bekomme, soll er der ehrbaren Gesellschaft auch wiederum zu Diensten stehen.«

Quadräteln Würfelspiel der Druckergesellen, für das sie Material aus dem Setzkasten verwendeten.

Amboß schlagen unter den Schmieden verbreiteter Brauch, daß der letzte, der nach getaner Arbeit die Werkstatt verließ, dem Amboß mit dem Hammer noch einen Schlag versetzte. Unterblieb das aus Versehen, so war für den folgenden Tag schlechtes Gelingen der Arbeit zu befürchten.

Trommeln bei seinem Meister einen Vorschuß erbitten.

Sacktag jener Tag, an dem das Arbeitsverhältnis gelöst (die »Condition aufgesagt«) oder verlängert wurde (auch Anredetag genannt). Der Geselle konnte vom Meister »den Sack erhalten« (möglicherweise war damit einstmals der Bettelsack gemeint) oder auch seinerseits »in den Sack hauen«.

Wandermüssig (oder fremdgeworden) *sein* – Ausdruck für die Mitteilung, daß ein Geselle seinem Meister die Arbeit aufgekündigt hat, um wieder auf *Wanderschaft* zu gehen.

Feiergeselle ein Geselle, der von einer Werkstatt Abschied genommen hatte und sich vorerst nicht nach neuer Arbeit umsah, sondern auf der Herberge verblieb und hier einige Zeit vom sauer verdienten Geld zehrte.

Kundschaft eine Bescheinigung für den Gesellen, daß er eine bestimmte Zeit am Ort gearbeitet hat. Die Kundschaft auszustellen, oblag üblicherweise dem Meister, bei dem der Wandergeselle in Brot und Arbeit gestanden hatte. Falls aber das Recht der Beurkundung dem Altgesellen eingeräumt worden war, erfolgte sie in Verbindung mit der *Ausschänke* und wurde so zu einem zeremoniellen Vorgang. Zu Beginn des 19. Jahrhunderts wurde die Kundschaft durch Wanderbücher ersetzt.

Feldtrunk nehmen der besonders im Sächsischen verbreitete Brauch, dem wanderfertigen Gesellen einen Abschiedstrunk zu spendieren. Nach dem Leeren des Kruges hatte sich der Wanderbursche mit den Worten zu verabschieden: »Dieser Trunk ist mir zwar sehr lieb, aber eine glückliche Reise noch viel lieber.«

Frachtbrief unter den Zimmerern übliches Zeugnis für ungetilgte Schulden. Beim Abschied von der *Brüderschaft* hatte der Geselle mit vorgeschriebenen Wortwendungen zu bekennen, ob er seinen Verpflichtungen auf der Herberge und gegenüber dem Schneider und dem Schuster nachgekommen ist. War alles in Ordnung, so überreichte man ihm einen gedruckten Zettel; ein handgeschriebenes Papier dagegen, eben der Frachtbrief (auch Latte genannt), signalisierte Schulden. Nach ungeschriebenem Gesetz gab es ohne Frachtbrief oder gedruckten Zettel keine neue Arbeit.

Spinnermarsch ein Brauch, mit dem die Bauhandwerker einen auf *Wanderschaft* gehenden Gesellen aus der Gemeinschaft verabschiedeten. Dabei schritten die Handwerksgesellen unter Führung eines »Leithammels« dicht hintereinander und im Gleichschritt mit einem Fuß auf der Straße, mit dem anderen auf dem Bürgersteig. Der Marsch führte bis zur Stadtgrenze. Hier wurde der bis dahin in die Reihe eingeordnete Wanderbursche entlassen.

Geselle sein
und Meister werden

Gewiß blieb die Wanderschaft den Handwerksburschen später als schöne Zeit in der Erinnerung, aber die meisten Gesellen waren doch recht froh, wenn sie sich endlich seßhaft machen konnten. Nun band man sich fest in die am Ort oder in nächster Nähe bestehende Gesellenvereinigung ein und fühlte sich als gestandener Handwerksbursche, der irgendwann sogar einmal ein angesehenes Amt – vielleicht das des »Örtengesellen« – einnehmen konnte. Unter den Meistern war es übrigens oft verbindlich geregelt, daß der Neuling gleich eine Funktion erhielt, allerdings eine dienende und kaum eine ehrenvolle: die Zusammenkünfte zu organisieren.

In Verbindung mit den bereits beschriebenen Bräuchen sind im folgenden einige weitere aus der Welt der Gesellen erläutert. Es sind mitunter recht merkwürdige Verfahren, Zank und Streit auszutragen oder zu schlichten, aber vor allem geht es um die Anstrengungen der Gesellen, zu Meisterehren zu kommen.

Generell wurde es den Bewerbern schwer gemacht, Meister zu werden, und viele hatten auch nicht die Spur einer Chance, über den Gesellenstand hinauszukommen. Natürlich betraf das nicht die Meistersöhne, denen schon die Statuten besondere Rechte einräumten.

Sie hatten zwar auch förmlich und wiederholt um Meisterehren anzusuchen, durften das aber in viel kürzeren Zeitabständen als andere, so wie sie beispielsweise auch nur ein »kleines«, unter Umständen sogar überhaupt kein Meisterstück zu fertigen hatten. Für die »normalen« Gesellen bestand der sicherste Weg zur Selbständigkeit immer darin, die Witwe eines Meisters zu heiraten. Entsprechendes wurde auch fleißig und lieblos praktiziert. Freilich, unabhängig davon, auf welchem Wege der frischgebackene Meister zu seiner Ehre gelangt war – um ein üppiges Festmahl anläßlich seiner Meisterpromotion *kam er unter keinen Umständen herum. Vielfach war es reichhaltiger als bei der Hochzeit oder Kindstaufe.*

Brüderschaft Bezeichnung für die Vereinigung von Gesellen des gleichen Handwerks. Zuweilen vereinten sich aber auch Angehörige verwandter oder sogar unterschiedlicher Gewerke zu Brüderschaften. Die Aufnahme wurde gelegentlich auch Wanderburschen gewährt und setzte das *Brüderschaftstrinken* voraus. Nur in einer fremden, mindestens vier Meilen von daheim entfernten Stadt konnten die Maurer die Brüderschaft erwerben.

Mund-Maurer sein Bezeichnung für die Tatsache, daß ein ehrbarer Maurergeselle nicht nur sein Handwerk, sondern auch dessen brauchtümliche Sprache richtig beherrschte. Beispielsweise wurde der Fremde während des Examens vom *Örtengesellen* gefragt: »Was bis Du für ein Maurer?« »Ein Mund-Maurer.« »Woran erkennt man das?« »An meinem ehrbaren Gruße und Mundsprache.«

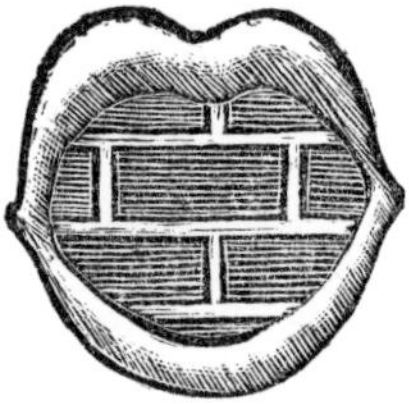

Einkeilen ein vor allem von den Tischlern geübter Brauch, mit dem sich ein zugewanderter Geselle auf längere Dauer in die Werkstatt einführte. Im allgemeinen hatte er etliche Kannen Bier zu spendieren, zuweilen auch noch »ein Stück Essen«, um als eingekeilt zu gelten.

Examen machen Beantwortung von Fragen durch Maurergesellen als Voraussetzung für ihre unverzügliche Aufnahme in die Brüderschaft. Ansonsten konnten Maurergesellen bis zu einem Jahr in einer Werkstätte tätig sein, ohne das *Brüderschaftstrinken* vollzogen zu haben. Das Examen war mit aufwendigen Fragen verbunden, beispielsweise, wo dereinst das Maurerhandwerk aufgerichtet worden sei, wieviel Worte ein Maurer habe usw. – Ähnliche Examina sind auch von anderen Handwerkern bekannt, dort allerdings meist im Zusammenhang mit dem *Gesellenmachen*.

Örtengeselle in einem von Gewerk zu Gewerk unterschiedlichen Zeremoniell bestimmter Geselle, dem die Begrüßung von Neuankömmlingen oblag. Neben diesem am häufigsten anzutreffenden Namen für den Inhaber des ehrenvollen Amtes finden sich auch die Bezeichnungen Altführer, Altknecht oder Altgeselle.

Tramelhengst weniger ehrenvolle Bezeichnung für einen jungvermählten Kupferschmied. Unter den Gesellen dieses Gewerkes war es üblich, das Werden des Tramelhengstes zu feiern, das heißt an der Hochzeitsfeier des Berufskollegen teilzunehmen.

Lutherpfaffen unter den Hutmachern üblicher Ausdruck für die verheirateten Gesellen. War ein Meister gezwungen, sich bei einem anderen Meister zu verdingen, so mußte auch er sich diese nicht gerade angenehme Bezeichnung gefallen lassen.

Jungfernknecht Geselle, dessen ehrenvolle Pflicht es war, jungen Frauen bei *Schützenfesten* einen Becher Wein zu kredenzen. Für seine Dienste konnte er freilich auch von jeder der Schönen einen Kuß erwarten.

Gewiß-Groschen auflegen ein Brauch, um sich im Streitfall Zeugen zu sichern. Brach unter Handwerksgesellen ein Streit aus und ging es einem der Streitenden darum, sich Zeugen zu sichern, so warf er ein Stück Geld – den Gewiß-Groschen – auf den Tisch und versetzte danach dem Kontrahenten eine Ohrfeige, das Signal für besondere Aufmerksamkeit der Anwesenden. Nahmen diese den Gewiß-Groschen auf und verzechten ihn, so war damit ihre Bereitschaft erklärt, Zeugnis vor jedermann abzulegen.

Streit austragen tätliche Auseinandersetzung unter Schuhmachergesellen (auch Maurern – s. *Vertrag*) unter Aufsicht des *Örtengesellen*. Drei Runden hatten sie sich mit Fäusten zu traktieren; eine Runde endete jeweils, wenn einer der Kontrahenten zu Boden gegangen war. In einer Chronik aus dem Jahr 1706 verlautet dazu: »Wann alle drey Gänge vorbey, so geben sie einander die Hände, und fragen, ob einer dem andern anjetzo vor einen braffen und ehrlichen Kerl hielte. Wann sie es bejahen, trinkt einer dem anderen zu; darauf seynd sie wieder gute Freunde, obschon zum öfteren der eine stehet und ihm das Blut aus der Nasen und Maul läufet und dem anderen das Hemd auf dem Leibe zerissen.«

Vertrag ablegen Bekanntmachung der Absicht eines Streitenden, die Auseinandersetzung zu beenden. Ähnlich den Schuhmachergesellen (s. *Streit austragen*) konnten sich auch die Maurer unter Aufsicht prügeln, wobei der Zweikampf allein schon durch Schimpfworte, wie »schlechter Kerl« (aber z.B. nicht durch »Saufbruder«) erforderlich werden konnte. Die sich gegenseitig verhauenden Gesellen hatten dann während des *Aufklopfens* hervorzutreten und zu erklären, daß sie den Vertrag ablegen wollten. Das wurde selbstverständlich akzeptiert, machte aber einen Umtrunk erforderlich. Den hatte jener der Streithähne zu bezahlen, der während der Prügelei nach Auskunft von Zeugen das meiste einstecken mußte.

Muten ursprünglicher Ausdruck für »um etwas förmlich anhalten«. Allmählich wurde es im Handwerk Brauch, auch um Meisterehren anzuhalten, wobei die Zunft eine bestimmte Mutzeit festlegte. Das bedeutete für den Bewerber, innerhalb der gesetzten Frist in der Regel dreimal vor den versammelten Meistern zu erscheinen und dabei Mutgeld zu zahlen.

Mit der Einführung der Mutzeit sollte der Zugang zum Handwerk erschwert werden. Zugleich wurde die Frist dafür genutzt, Hinweise über die Fähigkeiten und Charaktereigenschaften des sich um Meisterehren bewerbenden Gesellen zu beschaffen.

Gesinnen der bei Handwerkern in Westfalen übliche Ausdruck für das *Muten*.

Unschenk machen lassen Forderung von Meistern eines geschenkten Handwerks (s. *Geschenk erhalten*) gegenüber einem Gesellen, der ebenfalls Meister werden wollte. Dieser hatte sich zuvor »als ein Schenkgesell Unschenk machen (zu) lassen«. Das bedeutete, in der Gesellenrunde vorstellig zu werden und sein Anliegen vorzutragen, vor allem aber einen bestimmten Geldbetrag zu überreichen.

Abschmieden speziell unter den Schmieden übliche Bezeichnung für den Umstand, daß ein zu Meisterehren gekommener Schmiedegeselle auch ein *Meisteressen* zu spendieren hatte. Das Meisterstück mußte also nicht nur geschmiedet, sondern auch abgeschmiedet werden. Für einen reichlichen Umtrunk war natürlich auch zu sorgen, wobei die Schmiede Branntwein bevorzugten.

Meisterpromotion Vorgang des Meisterwerdens. Nach dreimaligem *Muten*, Vorlage und Begutachtung des Meisterstücks sowie Entrichtung einer Gebühr erfolgte dann der Eintrag in das Meisterbuch. Die offizielle Promotion beschlossen ein Trunk aus dem *Willkomm*-Pokal »auf die ehrbaren und rechtschaffenen Meister nach Handwerksbrauch und Gewohnheit« und das *Meisteressen*. Mitunter folgte aber auch noch der Gebrauch des *Ladestocks*. Der neuernannte Meister erhielt mit ihm fünf symbolische Schläge, und zwar erstens im Namen der heiligen Dreifaltigkeit, nächstens »für seine Gnaden, den König«, dann für den Herrn Vater, viertens für die Frau Mutter und abschließend für Recht und Ordnung.

Meisteressen abschließende Zeremonie des Meisterwerdens. Ursprünglich hielt sich das Meisteressen in recht bescheidenem Rahmen. Es war von der Absicht des Neuaufgenommenen getragen, den älteren Meistern seine Reverenz zu erweisen. Aber schon im 16. Jahrhundert nahmen die Aufwendungen für dieses Gastmahl enorm zu. Beispielsweise erließ der Rat Berlins 1565 die einschränkende (!) Anweisung, jedem Meister »nur« vier Pfund Fleisch, ein Huhn und eine Schüssel gekochten Essens vorzusetzen – die Getränkemenge wurde offensichtlich nicht per Dekret eingeschränkt. Im 17. Jahrhundert uferten die Meisteressen derart aus, daß der junge Meister seine Werkstatt oft mit einer großen Schuldenlast übernehmen mußte, zumal er im Verlauf des *Mutens* und der *Meisterpromotion* schon beträchtliche Gebühren zu erstatten hatte (s. auch *Strafbüchse füllen*).

Strafbüchse füllen Kassieren von Strafgeldern, zumeist wegen ungebührlichen Benehmens. Die Strafbüchse, meist eine zinnerne Dose, wurde im allgemeinen in der *Lade* aufbewahrt. Da zuweilen auch Arme und Waisen Zuwendungen aus der

Büchse erhielten, ließ man sie gerne bei *Meisteressen* nachfüllen. Beispielsweise war das für die »Amtskost« der Leineweber Rigas folgendermaßen geregelt: Der neue Meister hatte zu geben »eynne schyncken, thwe stücke droges fleisches (Rauchfleisch – D.N.), thwe methworste, einen halven ossen, vor eine marck brodt, drie tunnen beers und in de bussen viff marck on gelde«.

Gerde das allgemein verbindliche Essen und Trinken (auch »rechte« Gerde) im Anschluß an die *Meisterpromotion* bei den Schuhmachern. Der Brauch verbreitete sich seit der 2. Hälfte des 15. Jahrhunderts, war aber hier im Unterschied zu fast allen anderen Gewerken von Anfang an noch mit einer zweiten Mahlzeit, dem Eingang, gekoppelt.

Versammlungen und Zusammenkünfte

Fester Bestandteil im Alltag sowohl der Meister wie auch der Gesellen waren Versammlungen und Zusammenkünfte – wohlgemerkt als Alltagsereignisse, also im Sinne der Fortsetzung der Arbeitspflichten. Gewiß, im Rahmen solcher Veranstaltungen ging es nicht unbedingt puritanisch zu. Dennoch war ihr Charakter ein anderer als jener von Festen und Feiern, die selbstverständlich auch begangen wurden und in einem eigenen Abschnitt dieses Büchleins ihren Niederschlag fanden. Bei den regulären Treffpunkten wurden in der Hauptsache amtliche Vorgänge erledigt, und selbst der viel beredete Blaue Montag war nicht einfach zum Ausruhen und Fröhlichsein bestimmt, sondern an diesem Tag besprach man Angelegenheiten, die die Gesellenbrüderschaft bewegten. Ob das auch für die Treffs der Meistersinger galt, sei dahingestellt.

Für das Verhalten in der Runde der Handwerker galt ein strenges Reglement in zahlreichen Variationen. Eine besondere Bedeutung hatte jedoch überall ein Möbelstück, das heute landläufig als Truhe bekannt ist und in alter Zeit Lade hieß. Von dieser Lade ging eine heute kaum noch vorstellbare zeremonielle Gewalt aus; sie war das Instrument, mit dem bei Zu-

sammenkünften der Beginn und das Ende ihres offiziellen Teils angezeigt wurde.

Im folgenden sind einige Verhaltensvorschriften aufgeführt. Regelungen für den Verlauf von Zusammenkünften und entsprechende Bezeichnungen, das formelle Einladen der Handwerker zur Versammlung, die Begrüßung eines zugewanderten Gesellen oder das Entrichten von Geldbeträgen stehen dabei im Mittelpunkt des Interesses.

Ein Handwerk machen lassen die Handwerker zu einer Zusammenkunft bitten. Häufig brachte ein Bote die Nachricht von Werkstatt zu Werkstatt, wobei er den auch bei *Meisterpromotionen* verwendeten *Ladestock* (»Einladestock«, »Ordonnanzstab«) mit sich führte.

Morgensprache ursprünglich nur am frühen Morgen durchgeführte Zusammenkunft der Zunftmeister. Die später generell so bezeichneten Versammlungen fanden zunächst nur zwei- bis höchstens sechsmal im Jahr statt und dienten vorrangig zur Klärung von Zunftangelegenheiten. Das Verhalten in der Versammlung war eindeutig geregelt. So heißt es in den »Privilegien« der Tuchmacher zu Köpenick aus dem Jahre 1644: »Soll Niemandt mit tötlicher gewehr (Waffen – D.N.) zuer Morgensprache kommen, auch Keinen hader anfangen,

oder ohne Verlaubniß der Zunftmeister etwas reden. Wer darwider handelt, soll die Thonne füllen...«

Die erwähnte Tonne, eine große Schenkkanne, deutet bereits darauf hin, daß der Umtrunk nicht zu kurz kam. Allmählich ging es in den Morgensprachen immer weniger um notwendigerweise zu erörtende Dinge, sondern man traf sich ganz einfach aus Tradition zum Gespräch und zur angenehmen Runde (s. auch *Quartalstag begehen*).

Ladestock kunstvoll gearbeiteter Stab aus Holz, gelegentlich auch aus Zinn, den der Bote bei der Einladung der Meister für eine Zusammenkunft mit sich führte. Dieser Bote, der jüngste Meister oder der *Örtengeselle*, ging von Werkstatt zu Werkstatt und gab Tag sowie Uhrzeit der *Morgensprache* bekannt. Verfügte die Zunft nicht über eine eigene Herberge, so hing der Ladestock oft im Versammlungsraum über dem Tisch und kennzeichnete als *Tischzeichen* das Domizil der Meister.

Auflage die Zusammenkunft der Handwerksgesellen. Im Unterschied zu den *Morgensprachen* der Meister trafen sie sich ausschließlich am Abend. Mit einem kräftigen Schluck suchten sie die Mühsal des Tages zu vergessen. Da während bestimmter abendlicher Auflagen eine Art Mitgliedsbeitrag auf den Tisch zu legen war, mag dies für die Zusammenkunft namensgebend gewesen sein.

Bott ein hauptsächlich in der Schweiz üblicher Ausdruck für die abendlichen *Auflagen* der Gesellen, später auch der Meister.

Garten halten Bezeichnung der Schuhmachergesellen in der Schweiz für die *Auflage* in der Sommerzeit. Im Winter dagegen hielten sie eine Stube.

Zech in Österreich verwendeter Ausdruck für die *Auflage* bei der Ankunft eines fremden Gesellen. Die Einladung zur Zech nahm man gerne entgegen, weil sie jedermann einen ausgiebigen Trunk signalisierte.

Vierwochengebot Bezeichnung der Zinngießer für ihre Zusammenkünfte, die in den anderen Gewerken allgemein *Auflage* hießen.

Quartalstag reguläre Zusammenkünfte aller Meister (gelegentlich auch unter Teilnahme der Gesellen) nach vorher fest vereinbarten Terminen. Häufige Versammlungstage waren der dritte Osterfeiertag, der Johannistag (24. Juni), der Michaelstag (29. September) und der dritte Weihnachtsfeiertag. Den zeremoniellen Mittelpunkt der Quartalstage bildete das Öffnen und Schließen der *Lade*.

Blauer Montag in zahlreichen Gewerken früher üblicher Ruhe- und Feiertag der Handwerker.

> »Der Schuster macht lauter blauen Montag,
> verspricht die Schuh' auf künftigen Sonntag;
> wann dann die Schuh' sollen fertig sein,
> so kauft er erst das Leder ein.«

Mit diesem Vers aus dem 17. Jahrhundert tat Abraham a Santa Clara so, als würden die guten Schuster (und gemeint waren alle Handwerker) vor allem im Schlendrian leben, aber in Wahrheit hatte eine feiertagslose Woche an die achtzig Arbeitsstunden. Vor diesem Hintergrund muß man das Streben der Gesellen sehen, sich einen freien Tag (»Guter Montag«, »Krugtag«, »Bierschicht«) zu leisten, um sich in geselliger Runde zu vergnügen und dabei aber auch manche Probleme zu bereden. Allmählich suchte die Obrigkeit die blauen Montage einzuschränken bzw. ganz abzuschaffen. Während der blaue Montag anfangs nur in Wochen ohne Feiertage erlaubt war, wurde das Blaumachen etwa seit Ende des 18. Jahrhunderts generell verboten und auch streng bestraft – mitunter schon bei einmaliger Verfehlung mit acht Tagen Arrest.

Krugtag mitunter (mehr polemisch) verwendete Bezeichnung für den *blauen Montag*, besonders in Verordnungen der Obrigkeit, die darin gegen »freye Montags-, Fastnachts- u.a. dgl. liederliche und nur zum leidigen Gesöff vorgesehene Gelage« wetterte.

Besetzter Tisch Sondertisch in der Zunftversammlung für besonders bevorzugte Zunftgenossen. Im allgemeinen durften sich dort jene niederlassen, die ein bestimmtes Amt innehatten, zum Beispiel der Obermeister oder der Gesellenschreiber. Dieses Vorrecht war gemeinhin auch mit dem Recht auf Freibier gekoppelt.

Hammergebot vom Obermeister oder *Örtengesellen* mit Hammerschlag erlassenes Ruhegebot, worauf die *Lade* herbeigeholt oder ihr Deckel geöffnet wurde. Das als Hammer ausgeformte Gerät, das sowohl der Meister als auch die Gesellen benutzten, war aus Holz oder Metall gefertigt, mitunter sogar aus Edelmetall (Silber).

Lade meist in sehr reicher Ausstattung gefertigtes Behältnis praktisch aller Handwerkerzünfte zur Aufbewahrung wichtiger Dokumente, zum Beispiel des Handwerksstatuts oder des Lehrjungen-, Gesellen- und Meisterbuches. Jede offizielle Begebenheit begann mit dem förmlichen Öffnen der Lade. Der berechtigte Meister klappte ihren Deckel auf und ließ die Lade für die Dauer des jeweiligen Vorgangs geöffnet. Was in dieser Zeit gesprochen wurde, hatte besonderes Gewicht und erlangte durch die geöffnete Lade Gültigkeit. Bei schriftlich festgehaltenen Ereignissen findet sich fast immer der Hinweis, die Sache sei vor offener Lade besprochen und vereinbart worden.

Licht versäumen Ausdruck für das verspätete Erscheinen zu Versammlungen. Zu deren Beginn zündete man häufig ein Wachslicht an, in schlechten Zeiten auch nur eine Kerze aus Unschlitt (Talg), und stellte diesen Leuchtkörper auf einen Zinnteller. Der Lichtschein hatte nicht nur die Gewichtigkeit bestimmter Vorgänge zu unterstreichen, sondern die herunterbrennende Kerze galt auch als Zeitmaß. Die erst nach ihrem Verlöschen erschienen, hatten das Licht versäumt und mußten mit Strafe oder Tadel rechnen.

Umfrage Erkundigung des Obermeisters bzw. *Örtengesellen* nach strafbaren Handlungen oder Klagen im Verlauf von *Morgensprachen* oder *Auflagen*. Strafbares wurde im Gesellenbuch festgehalten oder aber sofort abgetrunken, falls der Sünder anwesend war.

Lage ursprüngliche Bezeichnung für die Beiträge, die von den Meistern pflichtgemäß zu den *Quartalstagen* zu entrichten waren. Der für einen bestimmten Zeitraum im voraus gemeinsam festgelegte Betrag der Lage diente für die Unterstützung Kranker, die Erhaltung der Herberge, für die Sicherung des *Geschenks* und natürlich auch für Bier und Wein. Aus letzterem Umstand entwickelte sich der heute verbreitete Inhalt des Begriffs »eine Lage geben«: das freiwillige (oder pflichtgemäß – gebräuchliche) Spendieren von Getränken.

Glockenstunde unter den Schmieden üblicher Ausdruck für den Zeitpunkt des Bieranzapfens in der Herberge. Meist durfte nicht vor 8 oder 9 Uhr abends »der Gesellen Bier angezapft« werden. Dazu stellte sich der *Örtengeselle* in der *Auflage* vor die geöffnete *Lade* und rief: »Nun, ihr Burschen, begehrt ihr auch Glockenstunde?« Worauf die Versammlung zu antworten hatte: »Glockenstunde die allerbeste!«

Aufklopfen ein vornehmlich bei den Maurern geübter Brauch. Hatten sich die Gesellen in der Herberge versammelt – meist am Sonnabend –, dann eröffnete der *Örtengeselle* durch dreimaliges

Klopfen auf den Tisch die Zusammenkunft. Klopfwerkzeug war ein als Reglement bezeichneter, häufig mit farbigen Bändern verzierter hölzerner Stab. Spätestens mit dem Aufklopfen hatte der Herbergsvater dafür zu sorgen, daß eventuell noch anwesende Fremde das Lokal verließen.

Aufklopfen in der Herberge war auch werktags bei der Begrüßung eines eingewanderten Maurergesellen üblich. Dieses Amt nahm ein in Brot und Arbeit stehender Zunftgenosse wahr. Als Reglement diente ihm jetzt freilich nur der Zeigefinger, mit dem er bei jedem Aufnehmen und Absetzen des Bier- oder Branntweinglases auf den Tisch klopfte (s. auch *Vogtländisches Aufklopfen, Kasse überschießen*).

Vogtländisches Aufklopfen wahrscheinlich im Vogtland entstandener Ausdruck für die Zusammenkunft der Zimmerer, zu deren fröhlichem Teil viel gemeinsamer Gesang gehörte. Die Gesellen klatschten gerne zu ihren Liedern. Häufig setzten sich dabei je zwei gegenüber und hauten sich gegenseitig nach Kräften auf Handflächen und Schenkel.

Gewissensfrage die bei den Buchbindern auf die *Umfrage* folgende Erkundigung, ob alle Versammelten das *Examen* abgelegt haben und zu guten Gesellen gemacht worden sind. Nicht examinierte Gesellen hatten die Gewissensfrage weitergehen zu lassen. Daraufhin waren sie nach der Ursache zu befragen, und nach der Antwort folgte die Frage, ob und wann sie sich examinieren lassen wollten.

Ring auf dem Tisch machen symbolische Markierung der Kasse, die der *Örtengeselle* während der *Auflage* der Schneider mit dem Zeigefinger der rechten Hand vornahm. In diese Kasse hatte jeder einzelne den festgelegten Beitrag zu legen. Der gleiche Brauch findet sich auch bei den Schmieden, er hieß aber hier »Gesellenkreis machen«.

Guter Wille Bezeichnung für die Zusammenkunft der Kupferschmiede zur Begrüßung eines zugewanderten Gesellen, des *Rummel(s)manns*. Der Gute Wille hielt die Gesellen bis weit nach Mitternacht oder so lange zusammen, wie »der Groschen unter dem Teller liegt« – das Bedecken eines Geldstücks mit einem Zinnteller oder einem Tuch durch den *Örtengesellen* eröffnete die Begrüßungszeremonie.

Lade schließen allgemein das Zeichen für die Beendigung eines offiziellen Vorgangs (s. *Lade*). Es war aber auch verbreiteter Brauch, durch vorzeitiges Schließen der Lade während einer noch anhaltenden Begebenheit dem einen oder anderen mehr Redefreiheit zu schaffen. War etwa jemand drauf und dran, seinem Zorn besonderen Ausdruck zu verleihen (zu sprechen, »wie ihm der Schnabel gewachsen«), oder steigerte er sich in eine vor Groll und Formfehlern strotzende Rede, dann konnte ein besorgter Freund einfach den Deckel zustoßen. Das war zwar auch strafbar, aber vergleichsweise harmloser als die Äußerung böser Worte vor offener Lade. Von den Webern, insbesondere in Böhmen, ist bekannt, daß sie dem *Örtengesellen* durch Einwerfen eines Geldstücks in die Lade oder auch durch Überwerfen eines Kleidungsteils in solchen Fällen signalisierten, er möge rasch den Deckel schließen.

Meistersinger Teilnehmer bzw. Höchstausgebildeter im sogenannten Meistergesang der Handwerkszünfte des 14. bis 16. Jahrhunderts. Die Handwerker fanden sich in Singeschulen zusammen, um den Gesang zu pflegen. Die Meister ihres Handwerks hatten manche Hürde zu nehmen, bevor sie sich endlich auch unter den Sangesbrüdern Meister nennen durften. Zunächst begann man als »Schüler« und avancierte nach etlichen Prüfungen zum »Schulfreund«, »Singer« oder »Dichter«. Wer dann einen neuen »Ton« (eine Melodie) erfunden hatte, die »Tabulatur« (die Vorschriften) bestens kannte und korrekt anwendete, galt als »Meister«. Falls aber ein aus den Reihen der Meister gewählter »Merker« (Kontrolleur) feststellte, daß jemand gegen die Tabulatur verstoßen hatte, so konnte dem Betreffenden der Meisterrang wieder aberkannt werden. Mit dem gegen Ende des 16. Jahrhunderts einsetzenden Niedergang des Zunftwesens begann schließlich auch der Verfall des Meistergesangs.

Zechsingen sehr weltliche Abwandlung des Meistergesangs der *Meistersinger*. Während in den »Festschulen« (zumeist Kirchen) bis zum Ende des 15. Jahrhunderts ausschließlich, später in der Hauptsache biblische Themen Gegenstand des Gesangs waren, orientierte sich das Zechsingen vordergründig auf den Handwerksalltag, auf Lust und Wehe der Handwerksburschen und ihrer Meister. Dementsprechend trafen sich die Meister(singer) statt in der Festschule vornehmlich im Wirtshaus zum Gesang.

Handwerken auf grüner Heide unter außerordentlichen Umständen auf einem Gelände vor der Stadt durchgeführte Zusammenkunft der Handwerksgesellen. Ein Herbergsvater konnte beispielsweise in Verruf kommen, von dem Freibier der Gesellen etwas unterschlagen zu haben. Falls er eine dafür auferlegte Geldstrafe nicht beglich oder sich eines weiteren Vergehens schuldig machte, handwerkten, das heißt versammelten sich die Gesellen kurzerhand zunächst draußen vor der Stadt. An einem geeigneten Platz steckten sie einen Pfahl in den Boden und zogen einen Kreis darum, der das Versammlungszimmer symbolisierte. Besonders beauftragte Gesellen hatten darüber zu wachen, daß sich kein Unbefugter näherte. Erforderlichenfalls wurden auch Maßnahmen beraten, wohin und wie die *Herberge zu verlegen* wäre.

Freiheitstag begehen eine Zusammenkunft der Wagner, die im Lauf der Entwicklung den Charakter eines Festes annahm. Insbesondere am

Oberrhein wurde gegen Ende des 16. Jahrhunderts festgelegt, daß sich sowohl die Meister als auch die Gesellen des Wagnerhandwerks alle drei Jahre zusammenzufinden hatten. Hauptanliegen war zunächst, in größerem Kreis strafbare Handlungen zu erörtern und die Sühne dafür festzulegen. Die Buße war am häufigsten durch Weinausschank zu erbringen. Später entwickelte sich der Freiheitstag mehr und mehr zu einer Festlichkeit, zu der keinerlei ernsthafte Dinge beredet wurden.

Trinken und Essen

Die Trinksitten früherer Zeiten beschrieb der Enzyklopädist Johann Heinrich Zedler aus dem 18. Jahrhundert so:
»Die Welt-Kinder und Sauffhelden heutigen Tages sauffen aus Schiffen, Windmühlen, Laternen, Sackpfeiffen, Schreibzeugen, Büchsen, Krummhörnern, Knebelspiessen, Weinwägen, Weintrauben, Aepffeln und Birnen, aus Cokkelhanen, Affen, Pfaffen, Mönchen, Nonnen, Bauern, Bären, Löwen, Hirschen, Rossen, Straussen, Katzen, Schweinen, Elendsfüssen und anderen gewöhnlichen, bisweilen ungeheuren Trinckgeschirren, die der Teufel erdacht hat, mit grossem Mißfallen Gottes im Himmel, gerade als wenn sich diese Thoren sonst nicht aus gebräuchlichen Gefässen voll sauffen könnten.«

Für die Zusammenkünfte der Handwerker dürfte das generell nicht zutreffen. Zwar trank man gelegentlich auch aus sog. Gestaltgefäßen – Trinkgefäßen in Form eines für das jeweilige Handwerk typischen Erzeugnisses oder Handwerkszeugs, etwa ein Stiefel für die Schuster, ein Hobel für die Schreiner –, aber dafür galten strenge Trinkordnungen. Dem »voll sauffen« wirkte man mit ziemlich drastischen Trinkstrafen entgegen.

Selbstverständlich ging es nicht immer schön gesittet zu, dieser oder jener Schabernack gehörte schon zum fröhlichen Beisammensein. Aber im Rahmen organisierter Zusammenkünfte herrschte Zucht und Ordnung, vor allem wenn Grund bestand, aus dem Willkommpokal zu trinken. Ähnlich streng verlief das gemeinsame Essen, wobei die Strenge freilich immer an den im Vergleich zu heute viel loseren Gewohnheiten zu messen ist. Spezifische Bräuche in Verbindung mit dem Essen scheint es übrigens nicht gegeben zu haben.

Trinkordnung spezifische Vorschrift für das gesellige Trinken. Nahezu jedes Handwerk hatte eine Trinkordnung, in der zum Beispiel geboten war, ob ein Trinkgefäß mit der linken oder rechten Hand, mit Tuch oder ohne, barhäuptig oder mit Kopfbedeckung anzufassen ist, ob zuerst der Deckel zu heben und dann der Krug aufzunehmen ist oder umgekehrt, wann sich die Runde zum Trunk zu erheben hat usw. Allgemeiner Natur war die Vorschrift, daß niemand von seinem Getränk mehr ver-

gießen durfte, als er mit der Hand oder dem Fuß verdecken konnte. Diese Regel gehört zu den ältesten überhaupt; sie findet sich schon 1235 in der Bruderschaftsordnung der Bäcker Rigas. Streng verboten war es, den Finger in das Trinkgefäß zu stecken (weil das Not heraufbeschwört) oder ein noch nicht geleertes Gefäß nachzufüllen (weil das dem Trinkenden die Gicht bringt).

Kasse überschießen Freibiervergabe bei den Maurern zu Lasten der Gesellenkasse. Allerdings war sofort ein Strafgeld fällig, wenn einer der Trinkenden das folgende Reglement von sieben Geboten mißachtete:

1. Das Trinkgefäß ist mit der rechten Hand anzufassen.
2. Beim Auf- und Absetzen ist mit dem rechten Zeigefinger auf den Tisch zu klopfen.
3. Es darf niemandem zugetrunken werden; wer getrunken hat, muß das Gefäß sofort absetzen.
4. Wer sitzt, muß auch sitzenbleiben.
5. Der Arm oder die Hand dürfen nicht auf dem Tisch liegen, man hat frei und gerade zu sitzen.
6. Ein Rauchender darf die Pfeife nicht auf den Tisch legen, sondern muß sie in der linken Hand halten.
7. Wenn Freibier angesagt wird, ist der Hut mit der rechten Hand vom Kopf zu halten.

Einschreiben ein häufig bei den Schneidergesellen so bezeichneter Brauch, der nichts mit Schreiben, dagegen viel mit Trinken zu tun hatte. Es ging dabei um die Aufnahme eines neuen oder fremden Gesellen in die *Brüderschaft*, wobei der *Willkomm* zu leeren war. Fühlte sich der Schneider nicht Manns genug dazu, so hatte er folgendes vorzutragen:
»Der Wein ist mir zu stark und meine Natur zu schwach; ich will meine gebührende Strafe erlegen.«

Kannenglück das Glück für den, der bei umlaufender Kanne in fröhlicher Runde gerade noch so viel zu trinken vorfand, um seinen Durst zu löschen. Für das Kannenglück war häufig ein beachtlicher Preis ausgesetzt. Um ihn zu erringen, täuschte wohl mancher mitunter mehr Durst vor, als ihm hinterher guttat.

Brüderschaftstrinken Zeremonie für den Erwerb der *Brüderschaft*. Bei den Gerbern beispielsweise galt folgende Vorschrift:

X: »Ich sage mit Gunst! Für was erkennst Du mich?«

Y: »Ich sage mit Gunst! Für einen rechtschaffenen Loh- und Rotgerbergesellen. – Ich sage mit Gunst! Für was erkennst Du mich?«

X: »Ich sage mit Gunst! Für dasselbe.«

Nun wurde auf den Tisch geklopft (s. *Aufklopfen*), man trank sich zu, klopfte wieder, und je nach Getränk reichte man sich auf unterschiedliche Weise die Hand – beim Bier die ganze, bei Wein nur die beiden Mittelfinger, bei Schnaps Daumen und kleinen Finger und anschließend die ganze Hand zum kräftigen Schütteln.

Den Fuchs schleifen eine im 16. Jahrhundert verbreitete Art des Umtrinkens in der Gesellenrunde, wobei einer den gefüllten Krug antrinkt und dann zum Nachbarn weiterreicht. So setzt sich das bis zu jenem fort, der das Gefäß leert. Der Vorletzte mußte dann den Krug für den erneuten Umlauf wieder füllen lassen.

Zutrinken eine zum Trinken nötigende Art des Zuprostens. Anno 1750 erläuterte Johann Heinrich Zedler das Zutrinken folgendermaßen:
»Zutrincken heißt überhaupt so viel, als zusammen oder in Gesellschaft trincken und schmausen; daher es auch zuweilen das Gesellentrincken genennet, und darunter nicht etwa das Trincken und Sauffen derer Handwercks-Gesellen, sondern vielmehr ein solches Sauff-Gelach verstanden wird, da ein Sauff- und Zech-Bruder oder Geselle den anderen nöthiget, eben so viele und so grosse Humpen auszuleeren, als jener in seinen vollen Wanst hinein zu schütten vermag.«

Gesundheitstrinken eine früher auf den hygienischen Schutz des Trinkenden bedachte Art des *Zutrinkens*.

Ein alter Brauch schrieb vor, Krüge mit Deckel zu verwenden, wenn man sich gegenseitig gute Gesundheit zutrinken wollte. Im 18. Jahrhundert kommentierte ein Chronist den Brauch in der Weise, daß ihn die Handwerker als vornehm ansähen, weil es »große Herren« auch so machten – indessen geschähe das bei den Herren ja nur, damit niemand etwas Giftiges in das Getränk werfe.

Zu Wasser reiten Brauch im Rahmen des *Zutrinkens*. Beschloß man, zu Wasser zu reiten, dann wurde eine Schale mit Bier oder einem anderen alkoholischen Getränk in eine Ecke des Raumes gestellt. Wer trinken sollte, mußte sich dann mit dem aufgehockten Zutrinker auf allen Vieren zu der Schale begeben und diese leeren.

Paßtrinken Rundentrinken mit einer für jeden Teilnehmer genau bestimmten, »dosierten« Trinkmenge. Als Paß bezeichnete man den Eichstrich oder Eichzapfen im Inneren des Trinkgefäßes, der ein bestimmtes Volumen kennzeichnet. In der Gesellenrunde benutzte man gern Krüge oder Gläser mit mehreren Pässen, und es war eine weitverbreitete Sitte, die Trinkzüge so zu bemessen, daß exakt der nächste Paß erreicht war. Wer im Verlauf des Umtrunks die meisten stimmigen Pässe verzeichnen konnte, durfte sich Paßkönig nennen.

Einer der auf Paßgläsern häufig zu findenden Sprüche lautet:

»Vivat. In gesundheit unser Aller Innsgemein
Sollen die Päß ausgetrunken Sein
Wer aber seinen Paß nicht treffen kan
Der Soll den andern gleich auch hahn.
Nun so will Ich Sehen zu
Daß Ich den Paß bescheidt auch thu
Wie es mein nachbar hadt gemacht.
Da hien will Ich auch Sein bedacht. Vivat.«

Weinkauf im allgemeinen gemeinsames Leeren eines Kruges Wein, um damit ein Geschäft zu besiegeln. In der Schweiz aber war der Weinkauf auch zwischen Meistern und Gesellen gebräuchlich, als Zeichen für deren besiegelte Aufnahme in die Werkstatt.

Willkomm mit einem Deckel versehener Pokal aus Zinn, gelegentlich auch aus Silber, als traditionelles Zunftgerät für viele mit Trinken verbundene offizielle Gelegenheiten. Seinem Namen gemäß benutzte man den Pokal zu der Begrüßung eines neuen Gesellen, aber auch beim *Gesellenmachen*, wobei der zuweilen mit Pfeffer oder anderen Gewürzen versetzte Inhalt (Bier, Wein, mitunter auch Branntwein) »auf drei schmale Schluck« auszutrinken war (s. auch *Reihekanne machen*).

Reihekanne machen dreimaliges Herumreichen eines zuvor voll gefüllten *Willkomms* in der Runde. Dabei war so im Maß zu trinken, daß der Vorrat bis zum Letzten reichte.

Kleeblättlein trinken drei Gefäße hintereinander, ohne Zwischenpause, leertrinken. Der dafür ebenfalls bekannte Ausdruck »Teufel trinken« geht wohl auf die möglichen teuflischen Folgen dieses Kunststücks zurück. Übrigens konnte es auch mit vier Gefäßen praktiziert werden. Dann sprach man von »Stengelein trinken« oder »Schwerenot«.

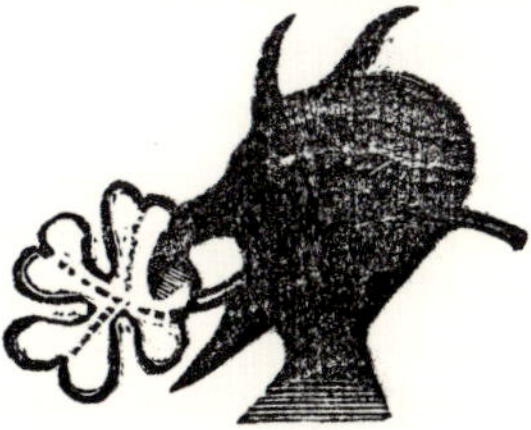

Umläufer speziell bei den Kupferschmiedegesellen neben dem *Willkomm* gereichtes zweites Begrüßungsgefäß, das anschließend, nachdem der Neuankömmling den Willkomm geleert hatte, die

Runde machte. Auch den Umläufer reichte man zuerst dem fremden Gesellen, unter anderem mit dem Hinweis, er solle Macht haben, drei ehrliche Jungfrauen daraus zu verschenken, die am Tisch versammelt wären. Der Fremde mußte dann zumindest jenen als Jungfer titulieren, der ihm den Umläufer gereicht hat, sowie zwei weitere Gesellen, die als nächste trinken durften.

Parlecke trinken einer bestimmten Person aus dem Gesellenkreis zutrinken und den letzten Schluck dann überraschend einem anderen in die Augen schütten. In der Regel benutzte man dafür als Trinkgefäß eine Schüssel, die gelegentlich dem zuvor Begossenen sogar noch auf den Schädel gehauen wurde. Diese recht unfeine Art des Trinkens mag man unter den Handwerkern wohl praktiziert haben, wenn zugleich das *Schleifen* angesagt war, wenn sich also ohnehin alles auf Unfug einrichtete.

Würfeln mit verschieden beschrifteten Würfeln Glücks- und andere Spiele ausüben. Man spielte um Geld oder Getränke, wobei gelegentlich in den Statuten sogar festgelegt war, wieviel jemand an einem Tag verspielen durfte. In Norddeutschland benutzten die Handwerker außer den Würfelbechern besondere Krüge (Glücksrörken) mit einem doppelwandigen, durchbrochenen Fuß und drei Würfeln darin. Großer Beliebtheit erfreute sich folgendes Spielchen: Man leerte das Rörken, würfelte, ermittelte die Summe und zählte entsprechend nach rechts oder links in der Tischrunde ab, wer als nächster den Krug füllen lassen mußte.

Großes Glück der Vorzug, nach entsprechender Auszählung einen Krug unentgeltlich und ganz allein leeren zu dürfen; ein unter den Seilern Norddeutschlands verbreiteter Brauch. Der Altgeselle würfelte in der *Auflage* mit dem Rörken (s. *Würfeln*) das Große Glück aus: Nach den gewürfelten Augen ermittelte man dann durch Abzählen in vorbestimmter Richtung den »Gewinner«.

Liesel ein größeres Trinkgefäß, das ein neuer Steinmetzgeselle vor der Aufnahme in die Werkstatt auf rechte Art zu leeren hatte. Dabei mußte er die Liesel nicht nur auf einen Zug austrinken und währenddessen unentwegt den Vorgesetzten anschauen, sondern er durfte den Henkel nur mit Zeige- und Mittelfinger umfassen. Unterlief ihm eine Regelwidrigkeit, war eine Strafrunde fällig.

Namenabtrinken spezieller Brauch bei den Drechslern nach der ersten Begrüßung eines zugewanderten Gesellen. Dafür holte der *Örtengeselle* zwei Gläser oder Krüge herbei, füllte sie bedächtig und stellte sie vor den Fremden hin. Danach fragte er ihn nach Namen und Geburtsort, stieß mit dem Neuankömmling an, und beide tranken ihr Glas in einem Zug aus. Ein rechter Drechslergeselle wußte nun allerdings, daß das Namenabtrinken damit nicht beendet war. Erst waren die Gefäße nochmals füllen zu lassen – nun auf Kosten des Fremden.

Namenstimmen bei den Riemern so bezeichnetes *Namenabtrinken*, hier aber häufiger vor den versammelten Gesellen.

Pfannenschmaus unter den Bierbrauern übliches gemeinsames Labsal anläßlich eines »ganzen Gebräudes«, also bei Vollendung eines Gebräus. Je nach wirtschaftlicher Lage bestand der Schmaus aus einem schmalen Imbiß oder auch einmal einem besseren Essen mit einem guten Schluck dazu.

Faßschmoren bei den Bauhandwerkern das Leeren eines Fasses Bier, das meist irgend jemand gestiftet hatte.

Rundschnack unter Zimmerleuten, Maurern, Tischlern und Drechslern, teilweise auch von den Spenglern so bezeichneter Brauch, den umlaufenden *Willkomm* (später auch einen gläsernen Stiefel) erst dann zum Trinken anzusetzen, wenn der jeweilige Geselle einen an seinen Vorder- oder Hintermann gerichteten Spruch ausgebracht hatte.

Tischordnung Verhaltensvorschrift bei Tisch anläßlich besonderer Zusammenkünfte. Es war verboten, mit Würfeln herumzuwerfen, die Zinnteller abzuschaben und zu durchstechen, Messer und Gabeln zu stehlen, sich in die Haarlocken des Nachbarn zu schneuzen, auf den Tisch zu übergeben, den Wirt zu mißhandeln oder jemand zu erstechen.

Bescheidessen in Süddeutschland und mehr noch in der Schweiz eine ins Haus geschickte Mahlzeit, falls ein Meister oder Geselle aus triftigen Gründen verhindert war, an einer mit Speise und Trank verbundenen Versammlung teilzunehmen.

Feste und Feiern

Jahrhundertelang wurden im Handwerk die Feste gefeiert, wie sie fielen, wurden Anlässe gefunden, um sich in entsprechender Runde bei Trank und Speise zusammenzufinden – obwohl es den Gesellen, mitunter sogar den Meistern, meistens mehr als miserabel ging. Aber gerade dieser Umstand, die Flucht aus den Sorgen des Alltags, bewog manchen Handwerker, traditionellen Vergnügungen selbst in den schlechtesten Zeiten nachzugehen.

Tradition hatten vor allem jene Feste, die sich regelmäßig wiederholten, aber auch überraschende Ereignisse beging man durchaus traditionell. Was die vorausschaubaren Feierlichkeiten anbelangt, sei nur auf das »Maigrafenfest«, das »Fahnenschwenken«, den »Pfingstaufzug«, den »Fastnachtsumzug« (mit der speziellen Freude des »Bratwurstlaufs«) oder den »Lukastag« verwiesen. Ja, selbst den Tag im Herbst, an dem es alljährlich notwendig wurde, bei künstlichem Licht zu arbeiten, umrankten die Handwerker mit einer kleinen Feier. Und was die Begebenheiten betrifft, die sich nicht auf längere Sicht fixieren lassen, so genügt der Hinweis auf die Gesellen- und Meisterwerdung, auf Heirat oder Taufe oder auf die Ankunft in einer Herberge.

Natürlich bot auch das traurige Ereignis eines Begräbnisses triftigen Anlaß zum Feiern.

Bei den nachfolgenden Beispielen fällt auf, daß viele Feierlichkeiten mit einem Festumzug verbunden waren, in dem man Sinnbilder sowie Erzeugnisse des Handwerks mitführte. Gewiß läßt sich daraus ableiten, mit welchem Berufsstolz man sich der Öffentlichkeit vorstellte. Wie groß der Drang war, bei jeder sich bietenden Gelegenheit vor die Einwohner der Stadt zu treten, belegt nicht zuletzt die Tatsache, daß die Metzger sogar das Schleifen der losgesprochenen Gesellen mit einem prächtigen Umzug vorbereiteten.

Dinzeltag vor allem in Bayern und in Tirol jener Tag, an dem man in besonders feierlicher Form *ein Handwerk machen* wollte. Dabei wurden nicht nur, wie sonst üblich, Zunftangelegenheiten erörtert, sondern es gab auch ein festliches Mahl, und ein fröhlicher Tanz beschloß die Zusammenkunft.

Maigrafenfest in Norddeutschland aus den mittelalterlichen Vollversammlungen und Gerichtstagen, den »Maisprachen«, hervorgegangenes Frühlingsfest der Handwerker. Sein Höhepunkt war die Wahl einer Maikönigin, eines Maikönigs oder auch eines Maigrafen, die für einen Tag lang das Zepter führen durften. Allgemeine Maigrafenfeste wurden schon im frühen 15. Jahrhundert auch Handwerkern in anderen Regionen erlaubt, so z.B. in der Schweiz den Schneidern und »Schuhknechten« oder in Mitteldeutschland den Knochenhauern.

Scheibenschießen in der Regel in Verbindung mit Schützenfesten veranstaltete Übung für den Gebrauch von Schußwaffen, denn die zunftangehörigen Handwerker hatten häufig die Pflicht, an der Verteidigung ihres Arbeits- und Wohnortes mitzuwirken. Später stand dieses Ziel nicht mehr im Vordergrund des Scheibenschießens, das sich zu einer Veranstaltung mit Volksfestcharakter entwickelte. Für die besten Schützen waren Sach- oder auch Geldpreise ausgesetzt.

Brautverschenkung Bezeichnung für eine Feier anläßlich der Hochzeit eines Handwerkers. Es war Brauch, die Berufskollegen zur Hochzeit oder einer nachträglichen Geselligkeit mit einem kräftigen Schmaus und einem nicht zu knapp bemessenen Trunk einzuladen. Das geschah mit den Worten, es solle die Braut verschenkt werden (s. auch *Verschenken des Gesellenbratens*).

Kinderverschenkung zunächst unter den Meistern, in jüngerer Zeit auch unter den Gesellen übliche Einladung anläßlich eingetretenen Vaterglücks eines Zunftangehörigen. Bei dem allgemein üblichen reichen Kindersegen konnte der Betroffene zumeist nur einen Umtrunk spendieren, ein Zubrot gab es selten.

Lichtbraten auch Lichtgans; eine kleine Feier anläßlich des Beginns der Arbeit bei künstlichem Licht, gewöhnlich an Michaelis (29. September). Freilich versprachen die Bezeichnungen mehr als die Feier hielt, denn zumeist war es mit einem Schluck Bier oder Wein und einem bescheidenen Imbiß getan. Gäste wurden dazu grundsätzlich nicht eingeladen.

Herberge beziehen Festlichkeit anläßlich der erstmaligen Nutzung einer Herberge und ihrer Inbesitznahme durch eine Handwerkerzunft als Versammlungslokal und Übernachtungsort für fremde Gesellen. Meist formierte sich ein Festzug, oft mit eigens dafür bestellten Tänzern oder Harlekins, die mit Sprüngen und mancherlei Späßen dem Umzug ein buntes Gepräge geben sollten. Sofern schon »aufgerichtet«, das heißt vorhanden, führten die Gesellen auch einen großen Trinkpokal, den *Willkomm* mit, bestimmt für alle künftigen zeremoniellen Handlungen (so beim *Gesellenmachen*).

Herberge verlegen Festlichkeit anläßlich des »Umzuges« einer Herberge, d.h. ihrer Verlegung in ein anderes Gebäude. Meist wurde dafür ein feierlicher, prozessionsartiger Umzug veranstaltet, dem man die *Lade*, den *Willkomm* und die *Tischzeichen* vorantrug. In der neuen Herberge hängten die Gesellen die Zeichen dann »unter Trompeten-Schall« auf.

Fastnachtsumzug bekannter karnevalistischer Brauch. Für die Handwerkszünfte war die Teilnahme an dem Umzug ungeschriebenes Gesetz.

Badegang gemeinsamer heiterer Zug der Gesellen eines Gewerkes in die (öffentliche, vorbereitete) Badestube zu besonderen Anlässen, z.B. zur Fastnachtszeit, oft am Aschermittwoch. Getränke brachten sie mit, für das Essen sorgte der Bader. Zuweilen ist auch davon die Rede, daß der Meister den Gesellen dafür nach altem Brauch »Küchlein und sulzen«, also Speisen, zu geben habe. Mitunter wurde die Zeche auch durch Zahlung eines wöchentlichen Badegeldes finanziert.

Grüner Montag in thüringischen Städten ein Fest, das auf die Wahl der Erfurter Ratsmeister aus den Reihen der sogenannten fünf großen Handwerke (Fleischhauer, Gerber, Kürschner, Schmiede, Tuchmacher) zurückgeht. Nach und nach feierten auch andere Handwerker den grünen Montag, am häufigsten solche, die »geschlagene Arbeit« fertigten, also viel mit dem Hammer arbeiteten. Der Name des Festes leitet sich von der Gewohnheit her, die Werkstätten oder die Läden aus diesem Anlaß mit grünen Zweigen zu schmücken.

Fahnenschwenken seit dem frühen 17. Jahrhundert ein spezieller Brauch der Gesellen und Lehrjungen des Bäckerhandwerks. Meist am Dienstag nach Ostern oder Pfingsten zogen sie mit klingendem Spiel durch die Straßen und schwenkten vor den Häusern ihrer Meister und angesehenen Bürger Fahnen in Erwartung von Geschenken. Der Tag wurde auf der Herberge mit einem Schmaus beschlossen. Das Motiv des Fahnenschwenkens war bei den Bäckern auch beim Gebrauch des *Willkomm*-Pokals verbreitet, dessen Deckel eine Figur mit einer Fahne in der Hand trägt. Während ein Geselle trank, schwenkte sein Nachbar den Deckel und damit die Fahne.

Pfingstaufzug feierlicher Umzug, für den um die Pfingstzeit den Bäckern, Schneidern, Schuhmachern und Schmieden mancherorts zeitweilig das Recht zugestanden war. Musikanten und Tänzer begleiteten die Handwerker, die ihren Umzug anschließend auf der Festwiese oder in der Herberge ausklingen ließen.

Höge eine bis in die zweite Hälfte des 18. Jahrhunderts von Brauern und Schneidern begangene Lustbarkeit, deren Bezeichnung auf den in Norddeutschland hier und da gebrauchten Ausdruck »högen« für »sich vergnügen« zurückgeht. Glanzpunkt der Höge war ein Umzug, in dem alles erdenkliche Trinkgerät mitgeführt und natürlich auch benutzt wurde. Gewöhnlich schritten an der Spitze des Festzuges die angesehensten Handwerker (die »Vorsprachen«), denen Junggesellen oder auch Lehrjungen die schönsten Trinkpokale des Gewerks nachtrugen und dafür sorgten, daß sie stets gefüllt waren.

Pallgeld-Knecht ein für die Bierzustellung verantwortlicher Geselle (Knecht) einer Bierbrauerzunft. Er durfte ein Trinkgeld – das Pallgeld – erwarten, das gelegentlich sogar in der Höhe vorgeschrieben war, in der Steiermark zum Beispiel 1 Kreuzer je Eimer (etwa 56 Liter). Die Ernennung der Pallgeld-Knechte erfolgte meist in feierlicher Zeremonie.

Schmeckbier handwerkliches Abendessen mit vorzüglichen Speisen und reichlichen Getränken. Sein historischer Ausgangspunkt liegt im Jahr 1370. Damals soll durch den mutigen Einsatz des Schuhmachers Hans Sago (»Hans von Sagan«) eine Schlacht siegreich ausgegangen sein. Seitdem feierte man aus diesem Anlaß bis zum 17., teilweise sogar bis zur ersten Hälfte des 18. Jahrhunderts einmal jährlich das Schmeckbier.

Reifentanz traditionelle Tanzbelustigung der Böttcher mit folgendem historischen Hintergrund: Als 1517 in München die Pest wütete, entschlossen sich die Böttchergesellen, »untereinander einen frischen Griff in die Ängstlichkeit der Gemüter zu tun und durch einen munteren Streich die Leute aus den Trauerhäusern zu locken...«, indem sie fortan alle sieben Jahre den Schäfflertanz veranstalteten.

Der auch in weiteren Städten (Erfurt, Nürnberg, Frankfurt/Main) durchgeführte Reifentanz der Böttcher wurde im allgemeinen durch ein öffentliches Faßbinden eingeleitet. Um die fertiggestellten Fässer herum vollzog sich dann der Tanz, in den sich alle Anwesenden einreihen konnten. Gegen Abend formierte sich schließlich oft ein festlicher Zug, dessen Mittelpunkt die auf Pferdewagen aufgeladenen Fässer bildeten, von denen das eine oder andere inzwischen gefüllt und später geleert wurde.

Bratwurstlauf das wohl bekannteste Fest der Metzger, bei dem die Gesellen eine unendlich lange Bratwurst durch die Straßen trugen. Am populärsten war die Feierlichkeit in Nürnberg, wo sie erstmalig 1614 zur Fastnacht stattfand. Der Überlieferung zufolge soll die Wurst 493 Ellen lang gewesen sein, 5 Meister sollen sie angefertigt und dafür die enorme Menge von 183 Pfund Schweinefleisch und Speck verarbeitet haben.

Schembartlauf berühmter Maskentanz der Nürnberger Metzger in außergewöhnlich kostbaren Kostümen durch die Straßen der Stadt. Das Wort Schembart ist als »bärtige Scheme«, also quasi Masken, zu erklären. Der nicht weiterverbreitete Brauch ist seit 1449 nachgewiesen und hielt sich bis etwa 1600.

Metzgersprung eine hauptsächlich von den Münchner Metzgern praktizierte Variante des *Schleifens*, die bis 1896 regelmäßig überwiegend zur Faschingszeit stattfand. Dabei formierte sich ein festlicher Zug mit Musikanten an der Spitze, zwei »Metzgerbüberln« auf Pferden, dann die loszusprechenden Lehrjungen und die Gesellen, und schließlich die Meister. Sobald der für die Taufe vorgesehene Brunnen erreicht war, mußten die Ausgelernten in Kostümen aus Lammfell in das kalte Wasser springen, sich necken lassen und im Brunnen schwimmende Nüsse und Äpfel unter die Zuschauer werfen. Unter geringerer Anteilnahme des Publikums fand der Metzgersprung gelegentlich auch in Salzburg, Zürich und Meran statt.

Ochsenjagen ein in unterschiedlicher Regelmäßigkeit in manchen Städten jährlich ausgeübter Brauch der Metzger. Während es beim Ochsenjagen recht derb zuging – man jagte die jungen Tiere mit Knüppeln durch die Straßen bis zu einer Ziellinie – war der Ochsenumzug (»Klosterochsenumzug«) eine vergleichsweise gesittete Veranstaltung: Man verloste in der Öffentlichkeit einige besonders gemästete Tiere, meist zugunsten von Klöstern, Kranken und Waisen. Vor der eigentlichen Verlosung schmückten die Gesellen die Ochsen und führten sie werbend durch die ganze Stadt.

Lukastag »Blaumachen« der Glaser am Namenstag ihres Schutzpatrons, des Heiligen Lukas (18. Oktober). Der Tag wurde entsprechend gefeiert, wobei das Trinken dabei nicht unbedingt als eine Nebensache behandelt wurde.

Fischerstechen von den Fischern um Johanni ausgeübter Brauch. Sie führten auf dem Wasser ein Turnier mit Stangen durch, stachen nach einem Aal oder einer Gans am Pfahl oder ruderten um die Wette, verbunden mit allerlei Übungen. Vor allen diesen Veranstaltungen formierte sich meistens ein Festzug, und abends wurde auf der Herberge weitergefeiert, woran Weib und Kind teilnehmen durften (s. auch *Bäuerlein herunterfahren*).

Bäuerlein herunterfahren von den Fischern mitunter anstelle des *Fischerstechens* oder im Anschluß daran ausgeübte Belustigung. Ein Bauer und eine Bäuerin stellten sich jeweils auf die hinausragenden Enden eines quer über ein Boot gelegten Brettes. Durch Schaukeln des Kahns versuchte man, das Paar zum Gaudi der zahlreichen Zuschauer ins Wasser fallen zu lassen.

Gänsereißen bei diesem mit dem *Fischerstechen* verwandten Brauch der Schiffer ging es darum, vom schwankenden Boot aus einer Gans den Kopf abzureißen. An einem quer über das Gewässer gespannten Seil waren drei Gänse mit dem Kopf nach

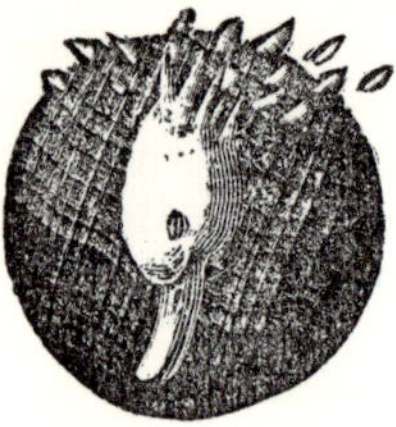

unten angebunden. Als Belohnung für jeden erfolgreichen Versuch winkte ein Tanz mit dem schönsten Fischermädchen, den die Burschen sogleich am Ufer ausführen durften.

Leiterstechen von den Wagnern (zu deren Aufgaben auch die Fertigung von Leitern gehörte) vor allem im 16. und 17. Jahrhundert durchgeführte turnierartige Veranstaltung mit auf Räder montierten Leitern. Geschützt mit einem Strohhelm und einem Schild aus Stroh, standen sich zwei Parteien gegenüber, die versuchten, einen jeweils auf der Leiter befindlichen Gesellen herunterzustoßen. Wer den Sieg errang, durfte eine Auszeichnung erwarten, beispielsweise einen Zinnbecher für den Gesellen oder einige Kannen Wein für die gesamte Mannschaft.

Richtfest bis heute üblicher, von den Zimmerleuten ausgehender Brauch, die Aufrichtung eines Dachstuhls festlich zu begehen. Früher wählte man dafür gerne den Samstag. Nachdem der Richtkranz aufgezogen und die Rede des Meisters oder Altgesellen vorüber war, warfen Gesellen Gegenstände über den Dachstuhl, um Unheil von dem neuen Haus abzuwenden. Sofern dafür ein Glas verwendet wurde, mußte dieses zerschellen. Geschah das nicht, so galt dies als böses Zeichen (s. auch *Haushebung*). Erst nach dem Werfen fand das Fest mit Spiel und Trank seine Fortsetzung.

Haushebung eine Variante des *Richtfestes*, bei der ein Holznagel eine besondere Rolle spielte, den man symbolisch in den Dachstuhl des neu errichteten Hauses einschlug. Zuvor hatte einer der Bauhandwerker den Nagelkopf mit einem Schnitzmesser ausgeformt, beispielsweise mit einem Männergesicht versehen. Geschmückt mit Blumen und bunten Bändern überreichte dann der Altgeselle den Holznagel feierlich dem Bauherrn, der zu entscheiden hatte, in welchen Balken der Nagel eingeschlagen werden sollte. Die Haushebung endete mit einem gemeinsamen Schmaus.

Beisetzung eine feierliche Trauerzeremonie anläßlich des Ablebens eines Zunftangehörigen. Es gehörte zur selbstverständlichen Pflicht aller betreffenden Handwerker, für die Aufbahrung des Zunftgenossen zu sorgen und an seinem Begräbnis teilzunehmen. Die feierliche Aufbahrung erfolgte in der Kirche auf einem Gestell, wobei der Katafalk wie auch der Sarg mit einem zunfteigenen Sargtuch abgedeckt waren. Falls man sich kein eigenes Sargtuch leisten konnte und ein allgemeines verwenden mußte, wurden wenigstens besondere Zeichen (in der Art der *Tischzeichen*) aufgestellt; auch Sargschilde aus Holz, Metall und sogar Textilien mit aufgetragenen Sinnbildern der Zunft wurden verwendet. Zuweilen war es auch Brauch, auf den Sarg eine Totenkrone zu setzen, die kegelförmig aus Draht aufgebaut und mit Papierblumen und anderem Zierat geschmückt war.

Totenschau in vielen Städten von dem Sargschreiner wahrgenommene Aufgabe. Er hatte sich vor der Beerdigung zu vergewissern, ob der Verstorbene auch wirklich tot ist. Vor allem hatte er zu diesem Zweck den Bauch der Leiche zu befühlen und festzustellen, ob er tatsächlich kalt ist. Das galt als untrügliches Zeichen für das unwiederbringliche Leben.

Baumträger Träger des mit einer brennenden Kerze geschmückten Baumes, der dem Leichenzug der Brauer vorangeführt wurde. Die Baumträger wurden aller zwei Jahre, während der *Höge*, neu gewählt. Nach vollzogener Wahl hatte der Baumträger einen Eid abzulegen, in dem es hieß, er wolle seinem Amt nachkommen, selbst wenn es Schmerzen bereite wie ein Dorn im Fuß.

Strafen und Bußen

Es gab wahrhaftig nicht nur Gutes »in der guten alten Zeit«. Eine selbstverständlich für niemand neue Feststellung, aber daß auch manche Bräuche und Gewohnheiten eher unfreundlich als angenehm waren, mag doch den einen oder anderen überraschen. Zum Abschluß des Breviers soll gezeigt werden, wie sich Kümmernisse und Sorgen der Handwerker noch dadurch vermehrten, daß sie selbst einander im Falle eines Vergehens nichts schenkten.

Natürlich gab es auch »Strafverfahren«, die mit einem Augenzwinkern zu sehen sind. Sie waren allezeit eher als Ulk denn als ernsthafte Sache angelegt. Allerdings dominierten die Bräuche, deren Anlaß die echten Vergehen waren. Wie pingelig es dabei zuging, zeigt sich schon daran, daß allein die Nichteinhaltung eines Mutungstermins (und sei es wegen Krankheit) eine Geldstrafe nach sich zog, die bis zu einem Zehntel der Kosten für ein Meisteressen ausmachen konnte.

Von Bedeutung ist wohl die Tatsache, daß einige Strafen und Bußen nur die Meister betrafen, andere ausschließlich die Gesellen, und schließlich gab es welche sowohl für Meister als auch für Gesellen. Beispiel sind für die Meister die »Pfändung«, das »Legen des Hand-

werks« oder das »Schnupfen«, für die Gesellen »Sauberen Brudertisch halten«, das »Abbrennen« oder das »Abrupfen«, für beide Stände das »Auftreiben«.

Vergleichsweise sehr wenig bekannt sind brauchtümliche Strafen für die Lehrlinge – die bekamen ganz einfach eine Tracht Prügel, und damit hatte es sich. Nennenswertes geschah diesbezüglich für sie wohl erst in Verbindung mit dem Lossprechen. Als Beispiele dienen uns die »Strafen an das Handwerksschild« und das »Vertragsbier«.

Schelten Beschuldigung gegenüber demjenigen, der gegen Handwerksgewohnheit und -brauch verstoßen hat. Dieser Ausdruck wurde in allen Gewerken ohne Ausnahme gebraucht, und zwar immer mit derselben Bedeutung.

Pfändung manchen der Zünfte zugestandenes Recht, einem Meister gegenüber nicht nur eine Strafe auszusprechen, sondern auch ein Pfand einzuholen, wenn der Meister die Strafe schuldig blieb. Im Laufe der Zeit wurde es Brauch, daß der Schuldner beim Pfänden mit einem gehörigen Quantum Bier büßen mußte. Übrigens hatten die Zünfte für das Pfändungsrecht dem Stadtgericht jährlich einen bestimmten Betrag, den Panpfennig, zu zahlen.

Legen des Handwerks eine im Vergleich zum *Schelten* für den Meister viel empfindlichere Strafe. Während ein gescholtener Meister sogar noch für zwei Wochen einen fremden Gesellen beschäftigen durfte (wobei der Geselle nicht unbedingt etwas von der Schelte erfahren mußte), durfte der Meister nunmehr selbst nicht mehr im Handwerk tätig sein.

Bündel und Gruß versagen Aufforderung an einen Gesellen, formlos seinen Abschied zu nehmen, also auf alle Zeremonien zu verzichten. Als Grund dafür genügte irgendeine kleinere Unkorrektheit des Wanderwilligen. Freilich war dieser Abschied immer noch erträglicher als *ausgehauen* zu werden.

Auftreiben Ausdruck für die vorgesehene Bestrafung eines Meisters oder Gesellen wegen eines Vergehens gegenüber dem Handwerk. Der Umgang mit dem Gesellen war fortan verpönt, die *Umschau* nach Arbeit verlief erfolglos, und der Sünder wurde *ausgehauen*. Einen aufgetriebenen Meister lud man nicht zu den Zusammenkünften ein, geschweige denn, daß sich ein Geselle bei ihm anstellen ließ. Mit Geld konnte man sich mit der Zunft abfinden und nach erlegter Strafe, nicht selten in Form von Speise und Trank, alles vergessen machen (s. auch *Abrupfen*).

Aushauen möglicher Verweis des Gesellen aus der Stadt, nachdem das *Auftreiben* beschlossen und der Geselle als *Schwarz* erklärt worden war. Der Betreffende konnte sein Aushauen durch Abbitte und eine Buße verhindern. Ausgehauene Gesellen verfolgte ein schleunigst aufgesetzter Auftreibebrief, der die entsprechende Kunde verbreitete.

Abgebunden besonders von den Bauhandwerkern verwendete Bezeichnung für die Tatsache, daß ein Geselle wegen eines Vergehens aus der *Brüderschaft* ausgestoßen worden war.

Schwarz schlimmste Form der für Gesellen praktizierten Strafen (der Tadel war die mildeste). Der Taufname, mitunter auch der durch das *Namenverschenken* erworbene Name, wurde auf eine schwarze Tafel geschrieben und in jeder Auflage verlesen. Zuvor war selbstverständlich beschlossen worden, den betreffenden Gesellen *auszuhauen* (s. auch *Schwarzes Buch*).

Schwarzes Buch Buch mit den Namen der Gesellen, die als *Schwarz* gekennzeichnet wurden; Variante der Eintragung auf der schwarzen Tafel. Das Schwarze Buch wurde während der *Auflage* hervorgeholt und verlesen. Beispielsweise hieß es bei den Schlossergesellen: »Zum neunten soll das Schwarze Buch verlesen werden. Ist einer von den Gesellen und Jüngern darin begriffen, der stecke den Kopf zum Fenster hinaus, die Füße unter den Tisch, bis das Schwarze vorüber ist; vielleicht kann man ihm von dem Schwarzen auf's Weiße helfen, wenn er Geld oder Geldwert hat.«

Sauberen Brudertisch halten Verhandlung des Vergehens eines Bäckergesellen unter Vorsitz des Herbergsvaters. Die Bäckerinnungen ahndeten alle möglichen Fehler eines fremden Zunftgenossen im Rahmen ausgedehnter zeremonieller Handlungen. Dabei konnte es um einen falschen *Gruß*, ein offenes Knopfloch oder ein falsch getragenes Wanderbündel gehen. Die ausgesprochenen Strafen waren in Form von Bier oder Wein zu tilgen; das Vertrinken nannte man Abdanken des frommen Bruder-Vergleichs-Biers.

Schnupfen in manchen süddeutschen Städten in aller Öffentlichkeit vollzogene Bestrafung von Bäckern, zum Beispiel für Vergehen gegen Gewicht oder Preis einer Ware. Der Sünder wurde in einen Käfig gesperrt und dann in das Wasser eines Brunnens oder Flusses getaucht, natürlich nicht nur zur Sommerszeit, so daß man schon Schnupfen bekommen konnte.

Rechenschaft unter den Schmieden übliche fröhliche Verhandlung im Gesellenkreis über eine Strafe für einen in der Runde Sitzenden. Im Ergebnis wurde eine bestimmte Strafsumme ausgesprochen und natürlich sofort vertrunken.

Abbrennen von den Hutmachergesellen gepflegter Brauch für den Fall, daß einer ihrer Zunftgenossen einer *Auflage* oder dem *Blauen Montag* ferngeblieben war. Mit gewichtiger Miene zog die ganze Gesellenschar zur Werkstatt, um den Säumi-

gen abzuholen und ihm zu verkünden, daß er nunmehr eine nicht zu knapp bemessene Runde auszugeben habe. So war dann der drangsalierte Hutmacher wohl wahrhaftig bald abgebrannt.

Bernhard bei den Steinmetzen gebräuchliche Bezeichnung für eine zu erledigende Strafe. Ein gewöhnlich in der Werkstatt aushängendes »Bernhard-Reglement« wies beispielsweise folgende strafbare Vergehen aus: unterlassenes Abfegen des bearbeiteten Steins vor der Pause, mehr als drei aufeinanderfolgende Hammerschläge nach der Pause oder Arbeit mit fremdem Werkzeug (siehe auch *Brütschen*).

Brütschen Bezeichnung der Steinmetzen für das Erlegen eines Strafbetrages bei fehlerhafter Arbeit. Hatten Steinmetzen einen Stein verdorben, so legte man ihn auf eine Bahre und trug ihn mit trauerndem Gesang zum Begräbnisplatz. Nach der »Beerdigung« hatte der Verursacher zu brütschen, das heißt einen Leichentrunk zu spendieren (s. auch *Bernhard*).

Abrupfen harmlos anmutendes Wort der Zimmerleute für einen wahrlich schmerzhaften Vorgang, nämlich für das Verprügeln eines Gesellen. Das erfolgte, wenn der Betreffende einer im *Frachtbrief* erteilten Auflage nicht in der üblichen Zeit entsprach. Meist handelte es sich um die Rückzahlung eines Schuldbetrages, für die im allgemeinen ein halbes Jahr Karenzzeit galt. Gelegentlich hieß das Verabreichen einer Tracht Prügel auch langgeschäftiges Ausschenken.

Trudeln bei den Zimmerleuten übliche, besonders unangenehme Art des Strafens. Auf einen genügend großen Tisch legte man ein etwa einen

Meter langes Achtkantholz oder ein mit tiefen Rillen versehenes Stammstück, packte den zu Trudelnden quer auf das Holz und zog ihn an Armen und Beinen hin und her. Bei verschärfter Tortur wurde mit »Auflage« getrudelt. Dabei legte sich noch ein Geselle auf den Delinquenten. Mit Gesang begleiteten die Umstehenden den Vorgang.

Strafen an das Handwerksschild eine Art der Geldbuße für einen ehemaligen Zimmermannslehrling. Nach dem *Lossprechen* fragte der *Örtengeselle*, ob der Junge während der Lehrzeit Strafbares begangen habe. Wurde das bejaht, so konnte das fällige Bußgeld auch »an das Handwerksschild«, das heißt für die Erneuerung des *Tischzeichens*, gezahlt werden.

Vertragsbier Geldbuße für einen ehemaligen Zimmermannslehrling. Die beim *Lossprechen* allgemein übliche Frage nach eventuellen Sünden während der Lehrzeit hatte bei Bekanntwerden eines Vergehens eine Geldstrafe zur Folge. Je nach Festlegung war dieses Vertragsbier »an die *Lade*«, »an das *Handwerksschild*« (s. *Tischzeichen*) oder »an den *Willkomm*« zu zahlen.

Trinkstrafen Strafen für Verstöße gegen die *Trinkordnung*, entweder in Form eines Geldbetrages an die *Strafbüchse* oder unmittelbar zum Verzehr. Anno 1331 hieß es bei den Berlin-Cöllner Woll- und Leinewebern:
»...wenn einer von ihnen so viel in einer Schenke trinkt, daß er das Getrunkene ausbricht, so gibt er

ein kleines Viertel Bier, ein sogenanntes Trageviertel.« In der Ordnung der Schuhmacher Osnabrücks von 1565 hieß es: »So ock jemantz sein beer, dat em tho drincken tho kompt, oder eines andern uth kannen oder krösen vorgethen (vergießen – D.N.) worde, ... schal syne Poene (Strafe – D.N.) syn tho geldern 2 kanne beeres.«

Brömel-Bier vielerorts übliche Geldbuße für unverheiratete Meister, die unter der Bedingung in die Zunft aufgenommen worden waren, eines Meisters Tochter zu ehelichen. Solange sie ihr Versprechen nicht eingelöst hatten, mußten die ledigen Meister alle Jahre das Brömel-Bier erlegen, was in aller Regel nicht zu knapp bemessen war.

In Leid oder Freud vertrinken bei Bäckern übliche zwei Möglichkeiten, eine Trinkstrafe zu vollziehen, allerdings mit recht unterschiedlichen Konsequenzen für den Betroffenen. Wollte man sich mit der erstgenannten Möglichkeit (in Leid) begnügen, dann stand ein geringerer Betrag an; falls aber entschieden wurde, die Strafe in Freud zu vertrinken, dann mußte schon mehr auf den Tisch kommen, um die Runde bei Laune zu halten.

Anhang

Ahnelt, Jutta: Organisation und Brauchtum des heutigen Bremer Handwerks und seine Geschichte. In: Heimat u. Volkstum. Bremen 1961, S. 52 ff.

Augustin, Karl: Aus alten Innungsakten. In: Mecklenburgische Monatshefte. Ludwigslust 6 (1930), S. 534–535

Bramer, David: Von christlicher Nahrung / etlichen Stenden / Arbeytern: Handwerckern / Handthierungen vnd Gewerben. Zerbst 1594

Brauchtum in der Zentralschweiz. Luzern: Murbacher 1966

Brod, Walter M.: Altertümer und Bräuche der Fischerzunft zu Würzburg. In: Mainfränkische Hefte. Würzburg 1954

Bucher, Bruno: Die alten Zunft- und Verkehrsordnungen der Stadt Krakau. Wien 1889

Butt, Ilsegret: Studien zu Wesen und Form des Grußes, insbesondere des magischen Grußes. Würzburg: Philosophische Dissertation 1968

Commenda, Hans: Des alten Linzer Handwerks Recht und Gewohnheit. In: Historisches Jahrbuch der Stadt Linz 1959, S. 93–198

Dichtl, Franz: Vom Kupferschmiedehandwerk und seinem Brauchtum. In: Freistädter Geschichtsblätter. Freistadt 1951. H. 2, S. 14–24

Fehring, Max: Sitte und Brauch der Tischler. Hamburg: Boysen 1929

Frankfurt um 1600. Alltagsleben in der Stadt. Frankfurt/Main: Historisches Museum 1976

Freytag, Gustav: Bilder aus der deutschen Vergangenheit. Leipzig: List (o.J.)

Frisius, Friedericus: Der vornehmsten Künstler- und Handwerker Ceremonial-Politica. Leipzig 1705 bis 1715
Gatz, Konrad: Das Buch vom guten Handwerken: München: Ehrenwirth 1950
Gensicke, Hellmuth: Das Hänselbuch von Montabaur. In: Nassauische Annalen. Wiesbaden 1960, S. 149–173
Gerner, Manfred: Handwerkerlexikon. Wörterbuch für das Bauhandwerk. Stuttgart: Deutsche Verlags-Anstalt 1984
Gröber, Karl: Alte deutsche Zunftherrlichkeit. München: Callwey 1936
Hähnsen, Fritz: Geschichte der Kieler Handwerksämter. In: Mitteilungen der Gesellschaft für Kieler Stadtgeschichte. Kiel 1920, S. 114ff.
Hasse, M.: Zunft und Gewerbe in Lübeck. In: Lübecker Museumshefte. Lübeck 1972, H. 10
Hiller, Helmut: Lexikon des Aberglaubens. München: Süddeutscher Verlag 1986
Isenberg, Heinrich: Altes Brauchtum im Handwerk. Münster: Buschmann 1936
Jung, Hermann: Bier – Kunst und Brauchtum. Wiesbaden: Englisch 1981
Kämpfer, Fritz: Handwerksschilder – Wirtshausschilder. Dresden: Sachsenverlag 1958
Kraack, Gerhard: Das Gildewesen der Stadt Flensburg im Mittelalter. In: Schriften der Gesellschaft für Flensburger Stadtgeschichte. Flensburg 1969
Kramer, Franz: Das Licht im Volksbrauch. Jahresfeuer, Lichterumzüge, Bummellaternenzüge. In: Jahrbuch für das Oldenburger Münsterland. Vechta 1978, S. 152–160

Kramer, Karl: Ein »Leiterstechen« in Ochsenfurt. In: Bayerisches Jahrbuch für Volkskunde. Regensburg 1953, S. 148

Kuczynski, Jürgen: Geschichte des Alltags des deutschen Volkes. Berlin: Akademie Verlag 1980–82

Kühnel, Harry (Hgb.): Alltag im Spätmittelalter. Graz/Wien/Köln: Styria 1984

Lahnstein, Peter: Report einer »guten alten Zeit« (Zeugnisse und Berichte 1750–1805). Stuttgart: Kohlhammer 1971

Lenhardt, Heinz: Feste und Feiern des Frankfurter Handwerks. Ein Beitrag zur Brauchtums- und Zunftgeschichte. In: Archiv für Frankfurts Geschichte und Kunst. Frankfurt/Main 1951

Lutz, Albert: Jünglings- und Gesellenverbände im alten Zürich und im alten Winterthur. Affoltern: Weiss 1957

Markmiller, Fritz: Das Kerzenbrauchtum der Dingolfinger Handwerke. In: Der Storchenturm. Dingolfing 1976, S. 83–96

Müller, Ernst Ferdinand: Das Zunftwesen in Magdeburg. Leipzig: Dissertation 1925

Pichler, Franz: Die obersteirische Bierbrauerzunft, ihre Zunftordnung und ihre Handwerksprotokolle. In: Mitteilungen des Steiermärkischen Landesarchives. Graz 1961, S. 36–61

Rauers, Friedrich: Kulturgeschichte der Gaststätte. Berlin: Metzner 1941 (Bde. 1 u. 2)

Rauers, Friedrich: Hänselbuch (Schleif-, Vexier-, Deponier-, Tauf- und Zeremonienbuch). Essen: Essener Verlagsanstalt 1936

Roth, Hans: Von alter Zunftherrlichkeit. Rosenheim: Rosenheimer Verlagshaus 1981

Rowald, Paul: Brauch, Spruch und Lied der Bauleute. Hannover 1903

Rumpf, Karl: Vom »ehrsamen« Handwerk und den »löblichen« Gesellenbruderschaften. In: Hessische Blätter für Volkskunde. Gießen 1964, S. 59–108

Sinz, Herbert: Lexikon der Sitten und Gebräuche des Handwerks. Freiburg/Br.: Herder 1986

Spamer, A.: Sitte und Brauch. In: Handbuch der deutschen Volkskunde (Hgb. W. Peßler). Potsdam 1936, S. 33–236

Stahl, Wilhelm: Das deutsche Handwerk. Gießen 1874

Stöckle, Frieder: Fahrende Gesellen. Würzburg: Arena 1980

Tobler, Walter: Vom rechten Benehmen im Keller und vom Kellerrecht. In: Schweizer Volkskunde. Basel 1959, S. 33–41

Trechsel, Ernst: Die Gesellschaft zu den Schuhmachern von Bern. Bern: Berner Tageblatt 1934

Wanner, Gustaf Adolf: Zunftkraft und Zunftstolz. Basel: Birkhäuser 1976

Warncke, Johannes: Handwerk und Zünfte in Lübeck. Lübeck 1937

Weber-Kellermann, Ingeborg: Saure Wochen – frohe Feste. München/Luzern: Bucher 1985

Wehrhan, Karl: Mit Gunst! Sitten, Bräuche und Feste des deutschen Handwerks. Berlin/Leipzig: Hillgen (o. J. – um 1910)

Wissel, Rudolf: Des alten Handwerks Recht und Gewohnheit. Berlin: Wasmuth 1929 (Bde. 1 u. 2)

Zedler, Johann Heinrich: Großes vollständiges Universal-Lexikon aller Wissenschaften und Künste. Leipzig/Halle 1732–50

Sachwortregister